Liebe Leserinnen, liebe Leser!

Kalifornien – schon der Name weckt Reiseträume. Der drittgrößte US-amerikanische Bundesstaat ist eines der beliebtesten Reiseziele weltweit. Mehr als 50 Mio. Gäste sind jedes Jahr im „Sonnenstaat" zu verzeichnen.

Wilde Küste und Wüstenerlebnis

Und ihre Erwartungen werden offensichtlich erfüllt. Bei repräsentativen Befragungen erklärt die Mehrheit der Kalifornienurlauber regelmäßig, dass sie wiederkommen wollen. Wen wundert's? Hat Kalifornien doch wirklich Einzigartiges zu bieten. Vor allem der Süden präsentiert sich mit phantastischem Wetter und breiten Stränden. Weiter im Osten brennt die Sonne vom Himmel, gibt es Wüstenerlebnis pur. Im raueren Norden imponiert die Natur mit wilder Küste, über 100 Meter hohen Baumriesen und gewaltigen Vulkankegeln. Im Hinterland locken die Weinhügel des Napa und Sonoma Valley. Und allein schon San Francisco, die Stadt am Golden Gate, ist ein wahres Sehnsuchtsziel. Weniger vermutlich wegen ihrer Sehenswürdigkeiten, eher schon wegen der sensationellen Lage und der entspannten Atmosphäre. Pralle Lebenslust scheint hier zu herrschen – wie auch in der Megacity Los Angeles.

Der Fotograf **Christian Heeb** lebt in Ontario, im Nordwesten der USA. Nach Kalifornien führten ihn schon wiederholt intensive Fotoproduktionen.

Genießer kommen auf ihre Kosten

Leicht und beschwingt wie das Lebensgefühl im Bundesstaat ist auch seine Küche. Hier gehen kulinarische Einflüsse Asiens mit denen Amerikas und Europas eine geglückte Verbindung ein. Wenn Sie in Berkeley sind, müssen Sie unbedingt im „Chez Panisse" essen, das Restaurant von Alice Waters setzte und setzt Maßstäbe (s. S. 31). Zu jedem exquisiten Essen wird ein guter Tropfen gereicht. Kalifornien ist nach Italien, Frankreich und Spanien das viertbedeutendste Weinland. Auf welchen Weingütern Sie die besten Weine erhalten, verrät Ihnen Axel Pinck auf S. 46.
Herzlich Ihre

Axel Pinck, Reisejournalist aus Hamburg, hat ein Faible für amerikanische Ziele – und das seit Jahrzehnten.

Birgit Borowski
Programmleiterin DuMont Bildatlas

84 – 99
L.A. IST OHNEGLEICHEN

Ob Mickey oder Marilyn, Disneyland oder Hollywood – mit Los Angeles verbindet jeder etwas. L.A. aber ist noch viel mehr, als man denkt ...

18 – 35
METROPOLE DES WESTENS

Die Sehnsuchtsstadt auf der schmalen, hügeligen Halbinsel am Ausgang der San Francisco Bay ist ein idealer Ausgangspunkt: „California, here I come!“

DuMont Aktiv

DuMont Thema

30 – 31
EAST MEETS WEST

California Cuisine: Das erste Kochbuch Kaliforniens für „ordentliche Hausfrauen“ wurde im Jahr 1872 unter dem Titel „Kulinarische Tricks, wie man den Ehemann an sich bindet“ in San Francisco publiziert.

DuMont Thema

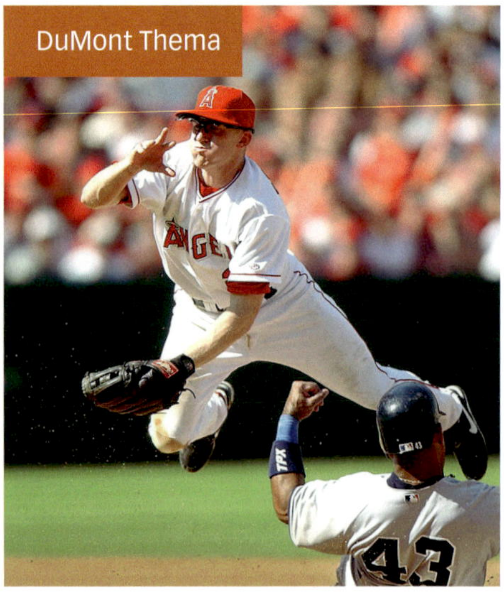

76 – 79
AN ALL AMERICAN SPORT

Mickey Hatcher ist Trainer der Los Angeles Angels of Anaheim – nach einer langen Karriere als Profi-Baseballspieler. Wir fragen ihn: Wie geht es zu bei der amerikanischsten aller Sportarten?

Titelthemen

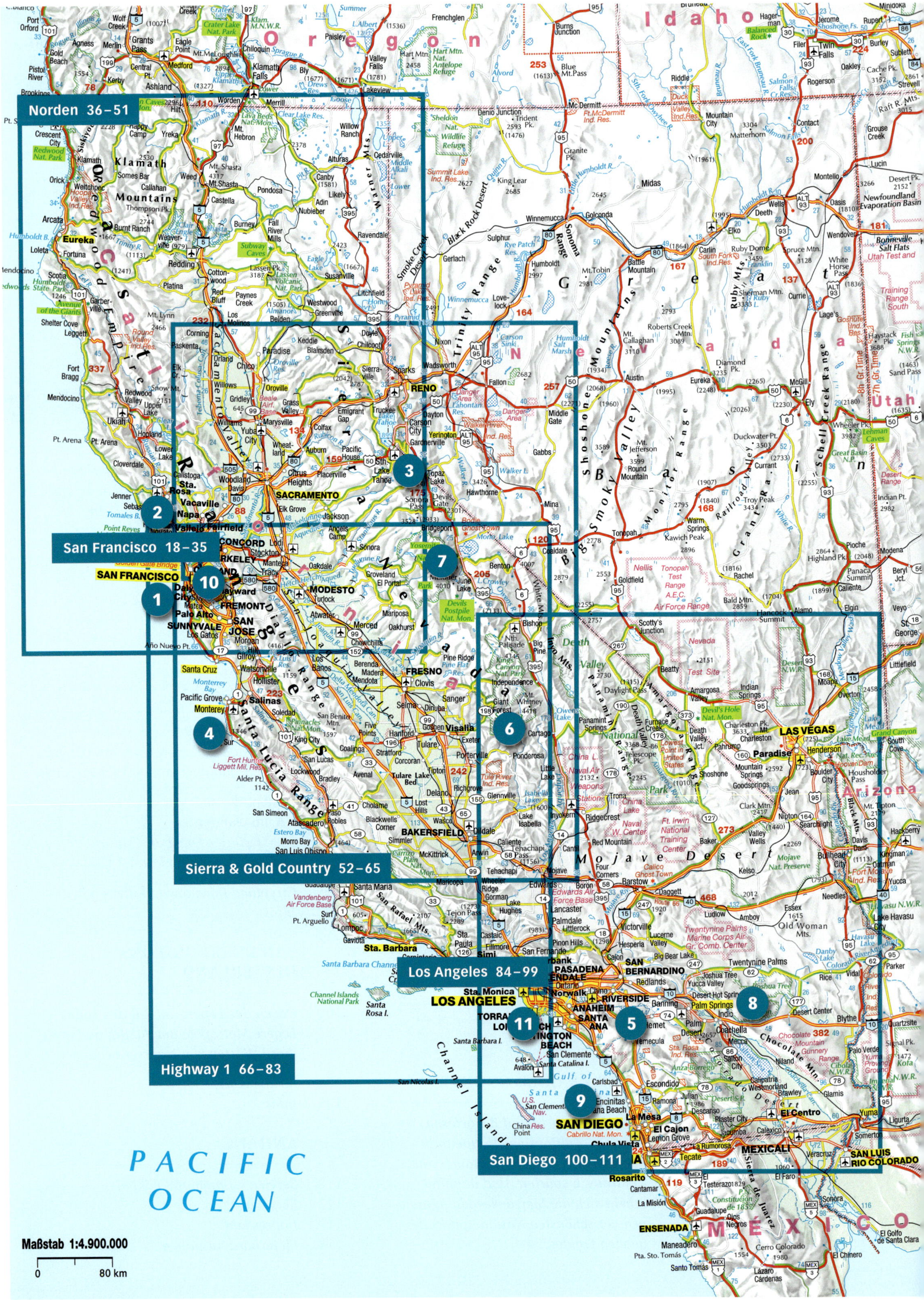

Norden 36–51
San Francisco 18–35
Sierra & Gold Country 52–65
Highway 1 66–83
Los Angeles 84–99
San Diego 100–111
1
2
3
4
5
6
7
8
9
10
11
Oregon
Idaho
Nevada
Utah
Arizona
California
México
PACIFIC OCEAN
SAN FRANCISCO
SACRAMENTO
RENO
FRESNO
BAKERSFIELD
LAS VEGAS
LOS ANGELES
SAN DIEGO
Maßstab 1:4.900.000
0
80 km

Topziele

Die bedeutendsten Sehenswürdigkeiten Kaliforniens sowie Erlebnisse, die Sie keinesfalls versäumen dürfen, haben wir auf dieser Seite für Sie zusammengestellt. Auf den Infoseiten ist das jeweilige Highlight als ▶TOPZIEL *gekennzeichnet.*

ERLEBEN

NATUR

KULTUR

YOSEMITE NATIONAL PARK

La Le Lu – nur der Mann im Mond schaut zu? Nein, auch unser Fotograf hat aufgepasst, als er für dieses Heft unterwegs war: Das rund 3000 Quadratkilometer große Schutzgebiet in der Sierra Nevada gehört zu den herausragenden Naturschönheiten Kaliforniens, sein Besuch ist ein unvergessliches Erlebnis.

WALT DISNEY CONCERT HALL, LOS ANGELES

Bilbao, könnte man meinen, ist überall. Vielleicht ist es aber auch eher der Architekt Frank Gehry, dessen weltumspannender Stilwillen im beginnenden 21. Jahrhundert auch in der Stadt der Engel Zeichen setzt – schiefe und krumme Zeichen, genaugenommen, denn nach konventionellen Anfängen entwickelte Gehry, der am 28. Februar 1929 als Ephraim Goldberg das Licht von Toronto erblickte, schon bald seinen ganz eigenen, dekonstruktivistischen Stil, den man am Guggenheim-Museum in Bilbao genauso schnell erkennt wie an der Walt Disney Hall in Los Angeles. Gehry, könnte man meinen, ist überall.

HIGHWAY 1, BEI DEN SANTA LUCIA MOUNTAINS

Menschen, Maschinen, Mythen: Einmal im Leben den Highway 1 entlangbrettern auf einem ordentlichen Motorrad, das wär doch was! Auf der Traumstraße den Traum wahrmachen, den schnurrenden Motor im Ohr, den Fahrtwind im Gesicht und vom Pazifik her den Geschmack nach Salz und Meer auf den rauen Lippen ...

ALABAMA HILLS ARCH BEI LONE PINE (MIT BLICK AUF DEN MOUNT WHITNEY)

Mensch und Natur: An paradiesische Zustände fühlt man sich vielerorts schon bald erinnert, nachdem man eine der kalifornischen Großstädte verlassen hat, an eine Natur, die den Mensch nicht braucht, aber als Zuschauer duldet – und sei es nur, dass er im Angesicht ihrer Großartigkeit erkennt, was er an ihr hat.

ROOFTOPBAR, THE STANDARD HOTEL, LOS ANGELES

Mag ja sein, dass man in New York „on top of the world" sitzt – aber „on top of Downtown L.A." sitzt man auch nicht schlecht. „Standard" ist hier gar nichts und der Hotelname eine Art umgekehrtes Understatement, das freundlich andeuten soll, dass man „den" Standard durchaus selbst zu setzen weiß. Mit seiner Rooftopbar macht das Hotel jedenfalls schon mal einen guten Anfang, hat dabei aber ein leichtes Spiel: Wo die Skyline von L.A. schon so zu funkeln weiß, da braucht man doch selbst weder Glitzer noch Glimmer.

Stadt am Golden Gate

Die Sehnsuchtsstadt auf der schmalen, hügeligen Halbinsel am Ausgang der San Francisco Bay ist von vielen Ausflugszielen umgeben – Naturschönheiten wie den Mammutbäumen im Muir Woods oder malerischen Landschaften wie rund um den Mount Tamalpais. Auch das dynamische Oakland, die Universitätsmetropole Berkeley und reizvolle Hafenorte, etwa Sausalito, sind nur einen Katzensprung entfernt.

Auffälligstes Gebäude in der Skyline von San Francisco ist bis heute die 1972 vollendete, 260 Meter (48 Stockwerke) hohe Transamerica Pyramid

Auch architektonisch interessant: das Museum of Modern Art (im Bildvordergrund)

Im Castro District geh'n die Jungs gern mal oben ohne

Die „Painted Ladies“ genannten viktorianischen Häuser an San Franciscos Alamo Square

Cable Car: Die bequemste Art der Fortbewegung im hügeligen San Francisco

Die Cable Car rattert von der Endstation an der Market Street in Richtung Fisherman's Wharf, vollgepackt mit Einheimischen und Touristen. Die Waggons wie vor 130 Jahren in Braun- und Cremetönen. Im Jahr 1906 fuhren noch etwa 600 Wagen auf mehr als einem Dutzend Linien hügelauf und -ab. Das große Erdbeben beschädigte damals den unterirdischen Antriebsmechanismus – ein Drahtseilsystem, das die Wagen über die Hügel zieht. Kurz darauf schien die Entwicklung von Automobilen die Cable Car überflüssig zu machen. Doch die Bewohner San Franciscos vereitelten alle Versuche der Stadtverwaltung, die geliebten Gefährte auszumustern. So klappern und rasseln die altmodischen Waggons noch immer auf drei Strecken durch die Stadt, zur Freude aller mit einer maximalen Geschwindigkeit von 15 Stundenkilometern und inzwischen auch als historisches Denkmal geschützt.

„IF YOU ARE GOING TO SAN FRANCISCO“

Die Stadt am Golden Gate gehört zu den beliebtesten Reisezielen weltweit, auf mehr als 40 Hügeln gebaut, von denen man immer wieder herrliche Blicke auf die Bay oder den Pazifischen Ozean genießen kann. San Franciscos munteres Straßenleben, mit Fußgängern, Joggern, Skatern und meditativem Tai Chi auf dem Portsmouth Square in Chinatown ist nicht nur für die Vereinigten Staaten einmalig. Knapp 800 000 Einwohner leben in der Metropole an der Bay, in Stadtvierteln mit jeweils unverwechselbarem Charakter. Downtown mit dem Financial District zwischen Ferry Building Marketplace und dem Civic Center hat sich zum Shopping-Mekka gemausert, vor allem rund um den Union Square. In Nob Hill, Russian Hill und Pacific Heights kann man viktorianische Villen an baumbeschatteten Straßen finden. North Beach und Fisherman's Wharf erinnern mit Cafés und Restaurants an die früher zahlreiche italie-

Michael Douglas war auch schon hier – in den Straßen von San Francisco. Die Lombard Street schlängelt sich in ihrer Mitte hügelauf und hügelab

Der Palace of the Fine Art im Marina District wurde ursprünglich im Jahr 1915 für die Panama-Pacific International Exposition errichtet

Am Ende der Kearny Street ragen die Türme der Market Street auf. Die Columbus Avenue – im Vordergrund – quert North Beach und China Town

nische Bevölkerung. In Fisherman's Wharf und an den benachbarten Piers sind Besucher der Stadt gegenüber den Einheimischen sicher in der Überzahl.

DAS ERBE DER HIPPIE-BEWEGUNG

Eine neu angelegte Straßenbahn fährt den gesamten Embarcadero entlang, bis in südliche Stadtviertel. Wer dort durch den chinesischen Torbogen auf der Grant Street tritt, gelangt in eine andere Welt, Chinatown mit Restaurants, Geschäften und Märkten und einem großen Teil der chinesischstämmigen Bevölkerung der Stadt. In Height-Ashbury gleich östlich des Central Park hat sich in einigen Straßenzügen noch ein Abglanz der 1960er-Jahre erhalten, als Blumenkinder das Quartier zum weltweiten Zentrum der Hippie-Bewegung gemacht hatten. South of Market, kurz SoMa, befindet sich mitten in einem Verwandlungsprozess vom recht unattraktiven Gewerbegebiet südlich der Market Street zu einem hippen Stadtteil mit Szenetreffs, Galerien und Museen.

Durch den Torbogen gelangt man in eine andere Welt.

DIE TRÄUME DER ZUWANDERER

Im Mission District, noch weiter im Süden, erwartet Besucher lebhafte hispanische Atmosphäre. Über 200 großformatige Gemälde an den Häuserwänden erzählen von den Träumen der Zuwanderer, vor allem aus Mexiko. Auch die 1776 gegründete spanische Mission Dolores ist hier zu finden. Der benachbarte

Frei wie ein Pelikan zu sein – davon träumte sicher mancher Insasse von Alcatraz, dem ehemaligen Fort und langjährigen Hochsicherheitsgefängnis

Fisherman's Wharf: Obwohl sich der Hafen längst zur durchkommerzialisierten Touristenmeile entwickelt hat, gibt es doch noch einige Dutzend Fischer, die hier frühmorgens die Fischrestaurants mit ihrem Fang beliefern

Immer noch erinnert manches Fischerboot an den Ursprung von Fisherman's Wharf

Meeresfrüchte berherrschen kulinarisch Fisherman's Wharf

Special VERBLASSTE MYTHEN

Flower Power: „Make Love Not War"

Mitte der 1960er-Jahre kommt es in Berkeley und San Francisco zu den ersten größeren Jugendprotesten gegen den Vietnamkrieg der USA. Die schlichte Verweigerung, sich den gesellschaftlichen Zwängen zu fügen, und das politische Aufbegehren vermischen sich. Eine Gegenkultur entsteht. Ihr Symbol, die Blume im Haar, gibt der „Flower Power"-Bewegung den Namen.

1967 nehmen die Proteste gegen den Vietnamkrieg der USA zu. Die Hippies rufen unter dem Motto „Make Love not War" in San Francisco den „Sommer der Liebe" aus. Scott McKenzies Titel „San Francisco" wird ein Welthit. Zehntausende junger Leute aus allen Teilen des Landes strömen in die Westküsten-Metropole, das Zentrum der neuen gewaltlosen Bewegung. Im Stadtteil Height-Ashbury, wegen des offenen Drogenkonsums gern „Hashbury" genannt, finden viele eine Unterkunft. Parallel zur Propagierung einer sanften und liebenden Gegenkultur strebt der Krieg in Vietnam neuen, immer grausigeren Höhepunkten zu, gründet sich in Oakland die militante Black Panther Party, wird der Schauspieler und spätere Präsident Ronald Reagan 1966 zum Gouverneur von Kalifornien gewählt. Die zunehmende Kommerzialisierung der Hippie-Massenbewegung leitet dann schließlich ihren Niedergang ein.

HIer wohnten einst die Grateful Dead

Castro District mit dem anschließenden Noe Valley ist das traditionelle Viertel der großen homosexuellen Gemeinde von San Francisco, mit buntem, teils schrillem Straßenleben. Der nostalgische, 1922 in maurischem Stil erbaute Kinopalast Castro Theatre zeigt vor allem Filmklassiker. Von dem nicht weit entfernten, knapp 300 Meter hohen Doppelhügel der Twin Peaks hat man einen fantastischen Panoramablick auf San Francisco und die Bay – besonders schön ist es, wenn bereits die Dämmerung eingesetzt hat und überall die Lichter der Stadt blinken.

IMMER WIEDER AUFERSTANDEN

Die Stadt am Golden Gate war schon immer Traumziel von Zuwanderern aus aller Herren Länder. Nachdem 1848 an den Westhängen der Sierra Nevada Gold gefunden wurde, strömten Zehntausende an die Pazifikküste – damals erhielt die oftmals nebelverhangene und dadurch lange vor auch wagemutigsten Entdeckern verborgen gebliebene Zufahrt zur San Francisco Bay ihren hoffnungsvollen Namen. Die bis dahin verschlafene 600-Seelen-Gemeinde schwoll innerhalb weniger Monate zu einer chaotischen Stadt mit 25 000 Einwohnern. Vierzig Jahre später waren daraus schon 300000 geworden. Doch durch San Francisco verläuft der Sankt-

Die Felsküste bei der Golden Gate Bridge ist wie für einen Film von Alfred Hitchcock geschaffen. Kein Wunder, dass der Altmeister des Nervenkitzels hier mit „Vertigo" einen seiner zeitlosen Klassiker gedreht hat

Ein Hort moderner Kunst: De Young Museum im Golden Gate Park

Architektur-Ikone: Die Golden Gate Bridge kennt die ganze Welt

Nach jedem Erdbeben hat sich die Stadt wie ihr Wappenvogel Phönix wieder aus der Asche erhoben, schöner und attraktiver als zuvor.

Andreas-Graben, an dem die Pazifische Erdplatte an der Nordamerikanischen Platte entlangdriftet, immer wieder von Erschütterungen der Erde begleitet. Beim gewaltigen Erdbeben von 1906 starben 3000 Menschen durch einstürzende Gebäude oder bei den tagelang anhaltenden Bränden, die eine Viertelmillion Häuser vernichteten. Beim Beben 1989 brach die Bay Bridge zusammen. Doch jedesmal hat sich die Stadt wie ihr Wappenvogel Phönix wieder aus der Asche erhoben, schöner und attraktiver als zuvor. Und vielleicht ist es neben der einzigartigen Lage zwischen Bay und Ozean und dem ständigen Zustrom von Abenteurern, Querdenkern und Immigranten, die etwas Neues anpacken wollen, auch das couragierte Leben auf der unruhigen Erdspalte, was die kreative und liberale Atmosphäre von San Francisco ausmacht.

JENSEITS VON GATE UND BAY

Zwei Brücken, die orangerote Postkartenschönheit der Golden Gate Bridge nach Norden und die doppelstöckige Bay Bridge nach Oakland verbinden San Francisco seit Mitte der 1930er-Jahre mit anderen Orten an der Bay. Hinzu kommen ein U-Bahn-Tunnel nach Oakland und diverse Fährverbindungen. Hieß es noch vor nicht allzu langer Zeit, das Beste an Oakland sei

Hand in Hand den Strand entlang: am Baker Beach, unweit der Golden Gate Bridge

In der Rodeo Cove, einer Bucht bei San Francisco

Der Kreativität sind kaum Grenzen gesetzt: Hausboote in Sausalito

Die San Francisco Bay ist – wie die ganze nördliche Westküste – ein beliebtes Segelrevier

Special JACK LONDON

Der Seewolf

Er war ein Medienstar und Abenteurer, ein Sozialist, der als Bestsellerautor Millionen verdiente, ein rastloser Arbeiter.

Am 12. Januar 1876 wird Jack London in San Francisco geboren. Er wächst im benachbarten Oakland auf, jobbt als Zeitungszusteller, in einer Konservenfabrik, als Austernpirat, bei der Fischereipatrouille. Mit 17 Jahren heuert er als Matrose an. Nach der Rückkehr schreibt er die erste Kurzgeschichte, die gleich einen Wettbewerb gewinnt. Wieder geht es auf Tour, als Tramp auf der Eisenbahn. Dann folgt er dem „Lockruf des Goldes" nach Alaska. Schätze findet er nicht, aber viele Geschichten. Mit ihnen fesselt er ein Millionenpublikum, durch sie wird er berühmt, aber nicht glücklich. Denn Alkoholsucht und depressive Phasen bilden die Schattenseiten seines Lebens. Am 22. November 1916 stirbt Jack London, wohl an Nierenversagen.

sein Blick auf San Francisco, löst sich die Hafenstadt mit immerhin auch schon 400 000 Einwohnern langsam aus dem Schatten ihrer schönen Nachbarin. Nach mehreren Jahren dynamischer Wirtschaftsentwicklung beginnen sich die Investitionen in die Infrastruktur auszuzahlen: Restaurierung ganzer Straßenzüge, Revitalisierung des Uferstreifens mit Grün-anlagen, Promenaden, Einkaufs- und Vergnügungspassagen. Und die Nachfrage nach Wohn- und Büroraum steigt. Oakland besinnt sich auf seine in den 1940ern gegründete Tradition als Stadt des Jazz und des Blues, vor allem entlang der 7th Street. Auch heute kann man in diversen über das Zentrum verteilten Klubs wieder Combos hören, die exzellenten Jazz und Rhythm & Blues spielen.

Trotz einer Reihe guter Restaurants weichen Feinschmecker dennoch meist nach Berkeley aus, einen Katzensprung von Oakland entfernt. Als anderswo in den USA noch wässriger Kaffee serviert wurde, ließen die Coffee Shops in der Nähe des Universitätscampus bereits keine Variante des Muntermachers ungebraut. Auch der Besuch in einem der Restaurants um die Walnut Street und die Shattuck Avenue, scherzhaft Gourmet-Getto genannt, kann zu einem kulinarischen Kulturerlebnis werden. Schließlich nimmt Berkeley für sich in Anspruch, die moderne California Cuisine erfunden zu haben.

VON ENGELN UND ALCATRAZ

Angel Island ist mit 3107 Quadratkilometern die größte der Bay-Inseln und hat, wie die frühere Gefängnisinsel Alcatraz, eine außergewöhnliche Vergangenheit. Der spanische Kapitän de Ayala taufte das Eiland 1775, bis dahin traditionelles Jagdgebiet der Miwok-Indianer, auf den Namen Isla de los Angeles. Mit dem Sieg gegen Mexiko kam die Engelsinsel 1851 wie der Rest Kaliforniens als Kriegsbeute an die USA. Die US Army nutzte Angel Island bis 1946 als Stützpunkt. Ab 1910 dienten die Militärbaracken 30 Jahre lang als Zwischenlager für rund 175 000 Immigranten aus Asien – ein „Ellis Island of the West". Anders als auf der Einwandererinsel vor New York wurden Chinesen oder Japaner hier bis zu zwei Jahren interniert, unter mehr als dürftigen Bedingungen. Im Zweiten Weltkrieg internierte man hier japanische und deutsche Kriegsgefangene, bis 1962 richteten Nike-Flugabwehrraketen ihre spitzen Nasen in den Himmel. Heute ist Angel Island wieder ein friedliches Fleckchen, aufgeforstet und geschützt als „State Park", von Wander- und Fahrradwegen durchzogen und mit einem gemütlichen „Cove Café", das im Sommer Gegrilltes und Austern serviert.

CALIFORNIA CUISINE

East meets west

Das erste Kochbuch Kaliforniens für „ordentliche Hausfrauen" wurde im Jahr 1872 unter dem Titel „Kulinarische Tricks, wie man den Ehemann an sich bindet" in San Francisco publiziert. Am besten mit einem „gekochtem Orangenpudding", lautete damals das Rezept – inzwischen ist es von der modernen kalifornischen Küche deutlich verfeinert worden.

Fisch mit Ingwersauce: Lecker!

Leicht und beschwingt wie das Lebensgefühl im Bundesstaat ist auch seine Küche, die gut unter dem Motto „East meets west" stehen kann, denn in ihr haben die Kochtraditionen vieler Einwanderer aus aller Welt zusammengefunden. Einfallsreiche Köche kombinieren vor allem die kulinarischen Einflüsse Asiens mit denen Europas und Amerikas auf das Wohlschmeckendste, weshalb man in Kalifornien auch von der „Pacific Rim Cuisine" spricht. Diese basiert auf den frischen Zutaten, die Kalifornien selbst liefert. Der fruchtbare Boden im Central Valley und seinen Seitentälern ließ von Anfang an auch bislang unbekanntes Gemüse und Früchte gedeihen. Und aus dem Pazifik und den Flüssen zwischen Oregon und Mexiko kam lange Zeit reiche Beute an Fischen und Krustentieren.

CALIFORNIA CUISINE IST HAUTE CUISINE

Alice Waters vom Restaurant „Chez Panisse" in der Universitätsstadt Berkeley wird meist als Erfinderin der California Cuisine genannt; eines Kochstils, der nicht nur kulinarische Einflüsse verschiedener Kulturen kombiniert, sondern seit den 1970er-Jahren den Gedanken einer saisonalen Küche mit marktfrischen Produkten wiederbelebt hat. John Ash, kulinarischer Pionier aus dem Sonoma Valley, der Anfang der 1980er-Jahre als einer der „new hot chefs" der Szene gefeiert wurde, und Wolfgang Puck, austro-amerikanischer Prominentenkoch und erfolgreicher Gastro-Unternehmer, der 1982 das legendäre „Spago" am Sunset Boulevard in Beverly Hills eröffnete und mit innovativen Gerichten und seiner mit geräuchertem Pazifik-Wildlachs und Kaviar belegten Designer-Pizza die schicke Kundschaft begeisterte, gehören heute bereits zu den lebenden Ikonen der California Cuisine, die von vielen Restaurants in Kalifornien weiterentwickelt wird.

RESTAURANT-TIPP(S)

Chez Panisse
Das Restaurant von Alice Waters gilt seit seiner Eröffnung 1971 als der Pionier der neuen kalifornischen Küche. Berkeley, 1517 Shattuck Avenue, Tel. 510/548 55 25, ***www.chezpanisse.com***

Spago
Hier wurde die kalifornische Designer-Pizza erfunden, und die kalifornische Fusion-Küche setzt noch immer Maßstäbe. Beverly Hills, 176 North Canon Drive, Tel. 310/385 08 80, ***www. wolfgangpuck.com.***

Einfallsreiche Köche kombinieren die kulinarischen Einflüsse Asiens mit denen Europas und Amerikas auf das Wohlschmeckendste.

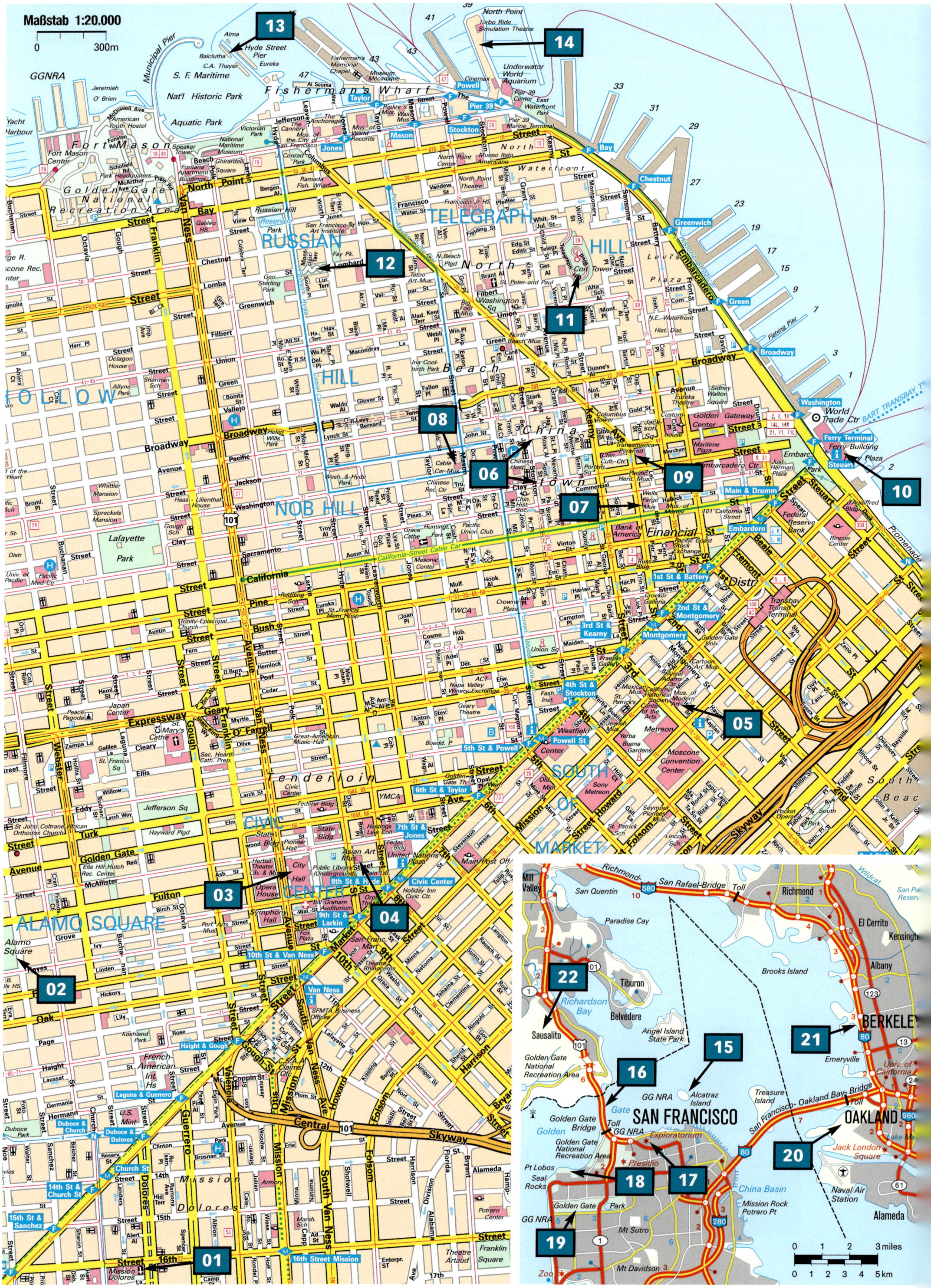
Maßstab 1:20.000
0
300m
GGNRA
Municipal Pier
Hyde Street Pier
S. F. Maritime
Nat'l Historic Park
Aquatic Park
Fishermans Wharf
Fort Mason
Golden Gate National Recreation Area
Fort Mason Center
Yacht Harbour
Pier 39
Underwater World Aquarium
Ghirardelli Square
RUSSIAN HILL
TELEGRAPH HILL
Coit Tower
North Beach
Washington Sq
Lombard
Embarcadero
Broadway
China Town
NOB HILL
Financial
Transamerica Pyramid
Ferry Terminal
Ferry Building
Justin Herman Plaza
World Trade Ctr
Lafayette Park
Japan Center
Union Sq
Transbay Terminal
Moscone Convention Center
Yerba Buena Gardens
SOUTH OF MARKET
Tenderloin
CIVIC CENTER
City Hall
Opera House
ALAMO SQUARE
Alamo Square
Mission
Dolores
Mission Dolores
Market St
Van Ness Avenue
California
Geary Expressway
Golden Gate Avenue
Fulton
Oak
Skyway
Central Skyway
Powell St
Civic Center
16th Street Mission
13
14
12
11
08
06
09
10
07
05
03
04
02
01
Mill Valley
San Quentin
Richmond-San Rafael-Bridge
Richmond
Paradise Cay
El Cerrito
Kensington
Brooks Island
Albany
Tiburon
Richardson Bay
Belvedere
Angel Island State Park
Sausalito
Golden Gate National Recreation Area
BERKELEY
Emeryville
Alcatraz Island
Treasure Island
San Francisco-Oakland Bay-Bridge
Golden Gate Bridge
SAN FRANCISCO
OAKLAND
Exploratorium
Presidio
Pt Lobos
Seal Rocks
Jack London Square
China Basin
Naval Air Station
Mission Rock
Potrero Pt
Golden Gate Park
Mt Sutro
Mt Davidson
Alameda
Zoo
22
15
16
21
20
18
17
19
3 miles
5 km

Königin des Westens

Rom wurde auf sieben Hügeln gebaut, San Francisco auf 40. Die muntere weltberühmte Metropole, viertgrößte Stadt des US-Bundesstaates Kalifornien, zählt nur 775 000 Einwohner, rund um die Bay sind es fast sieben Millionen. Die einzigartige Lage und Atmosphäre der Stadt, die auch die größte chinesische Gemeinde außerhalb Asiens zählt, macht sie seit 150 Jahren zum Traumziel von Auswanderern und Besuchern.

01 – 19 SAN FRANCISCO

San Francisco wurde 1776 als Militärposten mit Missionskirche von den Spaniern gegründet; wenig später kamen Pelzhändler und erste Siedler. Die Stadt gilt als das Finanzzentrum Kaliforniens. Mit einer Reihe wissenschaftlicher Einrichtungen und privater Forschungsunternehmen hat man auch in der Biotechnologie eine Führungsposition übernommen.

Sehenswert

1776 errichtete die spanische Kolonialmacht Fort und Kirche 01 **Mission San Francisco de Asis** (3321 16th Street/Dolores Street; Mai–Okt. tgl. 9.00–16.30, sonst bis 16.00 Uhr) und legte damit den Grundstein für die heutige Stadt. Die 02 **Painted Ladies** am parkartigen Alamo Square sind schöne Beispiele für die im 19. Jh. stadtbildbestimmenden viktorianischen Holzhäuser. Zum Civic Center gehört auch das Neorenaissance-„Rathaus" 03 **City Hall** (1912–1916). Rund 16 Straßenblocks umfasst 06 **China Town** hinter seinem charakteristischen Gateway; rund 80 000 Menschen chinesischer Abstammung leben hier. Restaurants, Geschäfte, Zeitungen, ja sogar die Telefonzellen tragen chinesische Schriftzeichen. Das chinesische Kulturzentrum (750 Kearny Street/2. Etage des Holiday-Inn-Hotels, Tel. 415/986 18 22) informiert über Rundgänge durch die „Stadt in der Stadt". Herausragend ist die 260 m hohe 09 **Transamerica Pyramid**, ein 1972 fertiggestellter Versicherungsbürobau, in dessen Schatten die 07 **Wells Fargo Bank**, aus der Entwicklung des amerikanischen Westens nicht wegzudenken, mit einem historischen Museum zu finden ist (420 Montgomery Street; Mo.–Fr. 9.00–17.00 Uhr). Früher hatte die 08 **Cable Car** ein 180 km langes Streckennetz; heute zuckeln noch drei Linien mit Touristen und Einheimischen durch North Beach und Chinatown.

Die **Northern Waterfront** zieht sich vom restaurierten 10 **Ferry Building** am Fuß der Market Street, der Achse durch Downtown, bis zu den Piers, an denen die Fähren ablegen, und der touristischen 14 **Fisherman's Wharf** mit dem zu einem Unterhaltungsareal umgestalteten Pier 39. An den Kaimauern des 13 **Maritime National Historical Park** haben historische Schiffe festgemacht – darunter ein Dreimastvollschiff von 1886, eine Dampffähre von 1890 und ein Raddampfer von 1914. Von 1934 bis 1963 diente die Felseninsel 15 **Alcatraz** ▶TOPZIEL den Bundesbehörden als Hochsicherheitsgefängnis; die Zelle Al Capones, des wohl prominentesten Häftlings, kann wie der gesamte Zuchthauskomplex besichtigt werden. Boote von Alcatraz Cruises starten tgl. mehrmals von Pier 33 (Tel. 415/9817625, www.alcatrazcruises.com). Eine Straßenbahn, meist voll beladen mit Stadtbesuchern und Einheimischen, fährt den **Embarcadero** entlang. Dahinter ragt der Telegraph Hill auf, seit 1934 gekrönt vom 11 **Coit Tower**, einem 64 m hohen Art-déco-Aussichtsturm (tgl. 10.00–17.00 Uhr). Von hier ist es nicht allzu weit zur 12 **Lombard Street**, angeblich „die kurvenreichste Straße der Welt" und Zubringer zur 16 **Golden Gate Bridge**, die seit 1937 mit einer Gesamtlänge von 2737 m den Ausgang der San Francisco Bay quert; rund 100 000 Fahrzeuge passieren die Brücke täglich. Eine Malercrew ist ganzjährig damit beschäftigt, die Farbe zu erneuern. Alle lieben den 19 **Golden Gate Park**, der sich quer durch die halbe Stadt zieht (5 km lang und 800 m breit); Wanderwege, diverse Sportplätze, ein botanischer Garten, ein Gehege für eine Bisonherde sowie eine Open-Air-Bühne gehören zu den Attraktionen.

Tipp

Chinesische Souvenirs

An der Grant Avenue durch China Town reihen sich Souvenirshops mit Billig-Produkten aneinander. Eine Ausnahme ist **Art of China** (839 Grant Avenue). Hier kann man beispielsweise Schachspiele aus Jade erstehen. In den kleinen Seitenstraßen zwischen Bush Street und der Columbus Avenue findet man Geschäfte mit Kunsthandwerk, Gemüsemärkte und Restaurants, in denen die chinesischstämmige Bevölkerung selbst verkehrt.

Museen

San Francisco hat eine Vielzahl Museen und Ausstellungsorte, von denen die folgenden besonders interessant sind. Das 04 **Asian Art Museum** in dem früheren Zentralgebäude der Stadtbücherei präsentiert Exponate aus 6000 Jahren asiatischer Geschichte (200 Larkin Street, www.asianart.org; Di., Mi., Fr.–So. 10.00 bis 17.00, Do. 10.00–21.00 Uhr). Im aufstrebenden Viertel südlich der Market Street residiert das 05 **San Francisco Museum of Modern Art** ▶TOPZIEL, kurz SF Moma; die Kollektion moderner Kunst umfasst Bilder, Plastiken, Fotografie, Design und Medieninstallationen (151 Third Street, www.sfmoma.org; Ende Mai–Anf. Sept. Fr.–Di. 10.00–17.45 und Do. 10.00–20.45, sonst Fr.–Di. 11.00–17.45 und Do. 11.00 bis 20.45 Uhr). Im 08 **Cable Car Museum** erfährt man u.a., dass die Waggons von unterirdischen Stahlseilen Steigungen bis zu 21 % hochgezogen werden (1201 Mason Street, www.cablecarmuseum. com; April–Sept. tgl. 10.00–18.00, sonst bis 17.00 Uhr). Das 17 **Exploratorium** tritt jeden Tag mit mehr als 650 Experimenten zur Elektrizität, der Erforschung von Sonnenwinden oder Bewegungsabläufen bei Sportarten den Beweis an, dass Wissenschaft spannend und vergnüglich sein kann (3601 Lyon Street, www.exploratorium.edu; Di.–So. 10.00 bis 17.00 Uhr). Der 18 **Palace Legion of Honor**, einst Ehrenmal für die im Ersten Weltkrieg gefallenen Soldaten, beherbergt heute eine umfassende Kunstsammlung mit 87 000 Exponaten aus vier Jahrtausenden; bemerkenswert die große Zahl von Rodin-Plastiken, darunter der „Denker" (Lincoln Park, 34th Avenue/Clement Street, www.thinker.org; Di.–So. 9.30 bis 15.00 Uhr). Das in einem spektakulären Bau neu eröffnete 19 **De Young Museum** im Golden Gate Park zeigt amerikanische Kunst des 17. bis 20. Jh. und dazu Bilder, Plastiken und schöne Gebrauchsgegenstände alter Kulturen aus Nord- und Südamerika, Afrika und von pazifischen Inselvölkern (50 Hagiwara Tea Garden Drive, www.deyoungmuseum.org; Di. bis So. 9.30–17.15, Fr. bis 20.45 Uhr).

Hotels und Restaurants

Das **Bijou** ist ein gemütliches Haus gleich beim Union Square mit Dekoration zu Filmen, die in San Francisco spielen (111 Mason, Tel. 415/771 12 00, Fax 415/346 31 96, www.hotelbijou.com; Zimmer ab 99 $, kleines Frühstück inkl). **The Orchard Garden** war das erste „grüne" Hotel der Stadt, nicht weit vom Chinatown Gate, mit geschmackvoller Einrichtung (466 Bush Street, Tel. 415/399 98 07, Fax 415/393 99 17, www.theorchardgardenhotel.com; Zimmer ab 146 $). **The Ritz-Carlton** ist das absolute Spitzenhotel auf Nob Hill; mit elegantem Restaurant „The Dining Room", Pool, Fitness-,

Beautycenter (600 Stockton Street, Tel. 415/2967465, Fax 415/9861268, www.ritz-carlton.com; Zimmer ab 420 $). Spanisch-baskische Tapas in lockerer Umgebung und ein gutes Weinangebot bietet **Bocadillos** (710 Montgomery Street, Tel. 415/9822622, www.bocasf. com). Im **Burma Superstar** günstige und gute burmesische Küche, immer ausgebucht und ohne Reservierungen (309 Clement Street, Richmond, Tel. 415/3872147, www.burmasuperstar.com). Das **Jardinière** bietet kreative französisch-kalifornische Küche und eine exzellente Champagnerauswahl; abends Live-Jazz (300 Grove Street, Civic Center, Tel. 415/8615555, www.jardiniere.com). Das italienische Traditionscafé **Greco** serviert Cappuccino und Focaccia-Sandwiches bis Mitternacht (423 Columbus Avenue, Tel. 415/6218579, www.caffegreco.com).

Unterhaltung

Zum Sonnenuntergang ist die Aussicht vom 20. Stockwerk des Sir-Francis-Drake-Hotels spektakulär; später tanzen elegant gekleidete Gäste in **Harry Denton's Starlight Room** bis tief in die Nacht (450 Powell Street, Tel. 415/3958595, www.harrydenton.com).

Der Lichtspielpalast **Castro Theatre** stammt aus den 1920er-Jahren; das Programmkino zeigt die legendären Klassiker der Filmgeschichte (429 Castro Street, Tel. 415/6216120, www.castrotheatre. com).

Ruby Skye ist ein beliebter Musik- und Tanzklub mit DJs und Live-Gruppen in einem viktorianischen Theaterbau (420 Mason Street, Tel. 415/6930777, www.rubyskye.com).

Umgebung

Schon der erste Abschnitt der State Road 1 gleich südl. von San Francisco von Pacifica bis Half Moon Bay lohnt einen **Ausflug**. Sandige Buchten, dazwischen raue Felsen und Wege durch die Natur reizen viele Städter zum Wandern, MountainBiking, Angeln, Wellenreiten oder Sonnenbaden. Im Frühjahr und Herbst ziehen vor der Küste Wale auf ihrem Weg zwischen Alaska und Mexiko vorbei.

Information

San Francisco Information Center,
900 Market Street (untere Ebene Hallidie Plaza) San Francisco, CA 94102,
Tel. 415/3912000,
www.onlyinsanfrancisco.com

20 OAKLAND

Die vielbefahrene San Francisco-Oakland Bay Bridge verbindet die geschäftige Stadt von 400000 Einw. mit San Francisco. Ein Grüngürtel aus Naturschutz- und Erholungsparks begrenzt die Hafenmetropole zur Landseite. Aus der einstigen Holzfäller- und Goldgräbersiedlung wurde der westl. Endpunkt der transkontinentalen Eisenbahn. Heute besitzt die 1852 gegründete Stadt den größten US-amerikanischen Containerhafen an der Pazifikküste.

Sehenswert

Der weltberühmte Schriftsteller **Jack London** hat seine Spuren hinterlassen und sogar – wenn auch erfolglos – zum Bürgermeister kandidiert. Ein ansprechend gestaltetes Einkaufs- und Vergnügungsviertel im Zentrum trägt seinen Namen. Die Statue des Schriftstellers blickt auf den zentral an der Bay gelegenen Jack London Square mit Geschäften, Bars und Restaurants. Dazu gehört auch „Heinold's First and Last Chance Saloon", in dem Jack London, dem Alkohol durchaus zugeneigt, so manches Glas geleert hat. An einem Kai in der Nähe liegt die **USS Potomac**, zu Roosevelts Zeiten Staatsjacht des US-Präsidenten.

Der 64 ha große **Lake Merritt** ist mit der Bay verbunden und ein Salzwassersee; er wird von Gartenanlagen und einem kleinen Vergnügungspark für Kinder gesäumt.

Tipp

Golden Gate Park

Im Golden Gate Park lassen sich alle möglichen Arten von Freizeitsport betreiben. Wälder, Wiesen und Teiche, dazwischen Wege mit schönen Aussichten – auch auf das **De Young Museum** (Foto). Es gibt Pfade für Spaziergänger und Reiter, Anlagen für Tennis und einen Golfplatz. Eine Fahrradstrecke von mehreren Kilometern windet sich durch den lang gezogenen Park und führt weiter bis zum Lake Merced im Südwesten der Stadt.

Fahrräder sind u.a. bei Golden Gate Park Skate & Bike, 3038 Fulton/6th Street, Tel. 415/6681117, zu leihen.

Museen

Im **Oakland Museum of California** können Besucher durch nachgestaltete Landschaften Kaliforniens wandern, die abenteuerliche Geschichte des Bundesstaates und seiner Einwanderergruppen kennenlernen sowie Kunsthandwerk der indianischen Ureinwohner bis zum Kalifornien von heute betrachten (10th Street/Oak Street, www.museumca.org; Do., Fr. 11.00–20.00, Sa., So., Mi. 11.00–17.00 Uhr).

Hotel und Restaurant

Das **Waterfront Plaza** ist ein bestens gelegenes und gut ausgestattetes 150-Zimmer-Hotel (10 Washington Street/Jack London Square, Tel. 510/8363800, www.waterfrontplaza.com; DZ ab 180 $). **Oliveto Cafe & Restaurant** mit italienisch ausgerichteter Küche ist eines der besten Restaurants an der Bay (5655 College Avenue, Tel. 510/5475356, www.oliveto.com).

Information

Oakland Convention & Visitors Bureau,
463 11th Street, Oakland, CA 94612,
Tel. 510/8399000, www.oaklandcvb.com

21 BERKELEY

Die weltberühmte University of California hat schon oft eine führende Rolle gespielt, in der Wissenschaft mit diversen Nobelpreisträgern und auch bei politischen Strömungen. Jeder zweite von Berkeleys 100000 Einw. hat direkt mit der Hochschule zu tun, die allein 40000 Studierende zählt. Im Jahr 1866 als Universitätsstandort gegründet, begannen in den 1960er-Jahren hier die Studentenproteste gegen den Vietnamkrieg. Auch kulinarisch zählt sich Berkeley zur Avantgarde – hier entstand die California Cuisine.

Sehenswert

Die Universität mit dem weitläufigen **Berkeley Campus** ist eine Attraktion für sich. Auf dem vom Landschaftsplaner Olmsted entworfenen Gelände finden sich der 94 m hohe Aussichtsturm Campanile, die Lawrence Hall of Fame, in der auch Besucher Experimente machen dürfen, das **Phoebe A. Hearst Museum of Anthropology** mit einer großen Sammlung zur Entwicklungsgeschichte des Menschen (http://hearstmuseum.berkeley.edu; Mi.–Sa. 10.00 bis 16.30, So. 12.00–16.00 Uhr), das **Art Museum** mit einem Schwerpunkt auf asiatischer und zeitgenössischer Kunst samt Pacific Film Archive mit sehenswerten Vorführungen von Filmklassikern (www.bampfa.berkeley.edu; Mi. bis So. 11.00–17.00, Do. 11.00–21.00 Uhr) sowie der **Botanische Garten** mit 12000 Pflanzen aus der ganzen Welt.

Restaurant
Die exzellente kalifornische Küche mit mediterranen Einflüssen im **Chez Panisse** ist ein Genuss (1517 Shattuck Avenue, Tel. 510/548 55 25, www.chezpanisse.com).

Information
Berkeley Visitors Bureau, 2030 Addison Street, Berkeley CA 94704, Tel. 510/549 70 40, www.visitberkeley.com

22 SAUSALITO

Die Künstler- und Aussteigerkolonie mit ihren Hausbooten im Hafen hat den Fischerort Anfang der 1960er-Jahre berühmt gemacht. Hausboote gibt es noch immer, besser ausgestattet als ursprünglich und inzwischen meist von gutsituierten Bürgern bewohnt. Der Charme des Örtchens hat sich erhalten, mit den pittoresk an den Hang gebauten und mit Treppen verbundenen Häuschen. Einige der bunten Gebäude am zentralen Bridgeway sind bald 100 Jahre alt. Heute kümmern sich nette Cafés und Geschäfte um die Besucher. Kein Wunder, dass Sausalito zu den beliebten Ausflugsorten für die Bewohner des nahen San Francisco gehört.

Sehenswert
Vom **Viña del Mar Plaza** hat man einen herrlichen Ausblick über die Bay bis zu den Wolkenkratzern San Franciscos. Das **Bay Model Visitor Center** des US Army Corps of Engineers simuliert Ebbe und Flut sowie die Strömungsverhältnisse in der San Francisco Bay und ihren Zuflüssen (2100 Bridgeway, www.spn.usace.army.mil/bmvc; Di.–Sa. 9.00–16.00 Uhr). Die Hausbootkolonie ist nicht weit entfernt.

Restaurant
Seit mehr als 40 Jahren serviert das Traditionshaus **Winship Restaurant** amerikanische Klassiker zum Frühstück und Lunch zu günstigen Preisen; legendär ist die Muschelsuppe Clam Chowder (670 Bridgeway Street, Tel. 415/332 14 54, www.winships.com).

Umgebung
Von Tiburon am Ostufer der Richardson Bay setzt eine Fähre in 20 Min. nach **Angel Island** über. Nur einen Halbtagesausflug von San Francisco entfernt, lassen sich im **Muir Woods National Monument** die bis zu 1000 Jahre alten und 80 m hohen Küstensequoias (Sequoia sempervirens) bestaunen.

Information
Sausalito Visitor Center, 780 Bridgeway, Bay 2, Sausalito CA 94965, Tel. 415/332 05 05, www.sausalito.org

DuMont Aktiv

Im Geburtsland des MountainBiking

MountainBiking in San Francisco? Sicher, genügend Hügel hat die Stadt an der Bay allemal, doch leider noch mehr Straßenverkehr. Besser ist es, in die Naturlandschaft gleich nördlich der Golden Gate Bridge auszuweichen – ebenso hügelig, aber mit Bäumen statt Autos.

Wer die Golden Gate Bridge nach Norden überquert, ist gleich in Marin County, bekannt wegen der riesigen Sequoiabäume von Muir Woods und der pittoresken Hausboote in Sausalito. Die Hänge und Ausläufer des 784 m hohen Mount Tamalpais, den hier alle kurz Mount Tam nennen, sind nicht nur ein Wanderparadies, sondern mit dem wenig weiter nördlich gelegenen Pine Mountain auch die Geburtsstätte des MountainBiking vor mehr als 30 Jahren. Vor allem an Wochenenden geht es auf hügeligen alten Forstwirtschafts- und Waldwegen sowie neu angelegten Trails munter zu, wenn Wanderer und MountainBiker unterwegs sind und bei gutem Wetter von hier bis zur Sierra Nevada im Osten und dem 30 km entfernten San Francisco schauen können.

Biken mit – spektakulärer – Aussicht

Das System der MountainBike Route im Mount Tamalpais State Park und den angrenzenden Naturlandschaften umfasst mehr als 350 km. Glücklicherweise sorgt die gemeinnützige Marin County Bicycle Coalition dafür, dass der attraktive Cross Marin Trail und viele andere MountainBike-Strecken in gutem Zustand bleiben.

WEITERE INFORMATIONEN

Die Region um den Mt. Tamalpais erreicht man von San Francisco auf der US 101 über die Golden Gate Bridge und weiter auf dem Highway 1 nach Norden.
Das Besucherzentrum beim East Peak am Ende des Ridgecrest Blvd. hält viele Informationen, auch über Wander- und Fahrradstrecken, bereit.
MountainBiking Marin (www.mountainbikingmarin.com) oder **Mike's Bikes** (http://mikesbikes.com) bieten Touren an und zeigen Anfängern und Fortgeschrittenen, wie es geht.

Naturschätze ohne Ende

Im Norden von San Francisco beginnt eine ganz andere Welt. Hier dominiert die Natur, aufgelockert von kleineren Siedlungen und Städtchen. Gleich anschließend an die Bay breiten sich die Hügel des „Wine Country“ aus, dahinter liegen gewaltige Berge und beeindruckend mächtige, bis zu 3000 Jahre alte Redwood-Bäume.

Nicht weit vom Eingang des Lassen Volcanic National Park trifft man auf den Manzanita Lake, einen der vielen schönen Seen des Areals

Seit 1871 weist das Trinidad Head Lighthouse den Weg in den Hafen von Trinidad (oben links; rechts der Little River Inn Golf Course bei Mendocino). Felsig gibt sich die Küste bei Jenner, gesäumt vom State Highway 1 (unten)

Special MOUNT SHASTA

Weißer als der Wintermond

Für die Indianer war der mächtige freistehende Vulkankegel Wohnsitz des Großen Geistes, und auch nachdem Bergsteiger Mitte des 19. Jahrhunderts seinen 4322 Meter hohen Gipfel bezwungen hatten, behielt er seine mythische Ausstrahlung.

Im Jahr 1987 versammelten sich Tausende Anhänger esoterischer und New-Age-Gruppen am Fuß des Berges, um hier das Zeitalter des Wassermannes und eine neue Epoche des Friedens auf der Welt einzuläuten. Auch wenn die letz-

Der „heilige Berg“: Mount Shasta

tere Hoffnung getrogen hat, gilt der kultische Berg nach wie vor als einer der sieben heiligen Berge der Welt, als Kreuzungspunkt kosmischer Energie. In den Orten rund um den „Zauberberg“ finden Besucher Dutzende von Geschäften mit esoterischen Devotionalien. Doch auch Naturfreunde und Bergsteiger sind von dem majestätischen Berg fasziniert – vom Berg an sich, ganz ohne New Age.

Der Highway 1 zieht sich von San Francisco bis an die Grenze zu Oregon, nicht weniger spektakulär als im Süden bei Big Sur. Im feuchtkühlen Klima des Nordens finden Küsten-Redwoods beste Lebensbedingungen. Trotz massiven Einschlags in den vergangenen Jahrzehnten existiert rund die Hälfte des weltweiten Bestandes dieser über 100 Meter hohen Baumgiganten in den küstennahen Wäldern Nordkaliforniens. Wer die riesigen Holztransporter, hoch beladen mit gefällten Bäumen, auf den Straßen sieht, kann sich vorstellen, dass hier die Auseinandersetzung zwischen Naturschützern und den wirtschaftlichen Interessen der Holzindustrie Dauerthema ist. Besucher kommen sich angesichts der kirchturmhohen Wipfel als Zwerge im Reich der Baumriesen vor. Wer durch den Founders Grove des Humboldt State Park oder andere Redwood-Haine wandert, verstummt vor der gebieterischen Größe der hölzernen Giganten, deren Art bereits existierte, als Saurier die Erde bevölkerten.

Weit im Hinterland der Küste breiten sich endlos scheinende Nadel- und Laubwälder aus, unterbrochen von Seenlandschaften, die so unberührt, wie sie aussehen, schon lange nicht mehr sind. Schließlich versorgt ihr Wasser über ein kompliziertes System von Pipelines die Felder und Städte des durstigen Südens von Kalifornien. Mächtige Vulkankegel ragen weithin sichtbar in den Himmel. Bei einigen, wie dem Lassen Peak, blubbern noch immer heiße Schlammtöpfe und zischen schwefelhaltige Gase aus Erdspalten. Andere, wie der zuletzt 1768 ausgebrochene 4317 Meter hohe Mount Shasta, geben inzwischen vor zu schlafen.

EINST SOGAR BESUNGEN

Mendocino gehört zu den Schmuckstücken an der Küstenstraße. Der 1000-Seelen-Ort war einst Umschlagplatz für Nutzholz und von Siedlern aus Neuengland erschlossen. Später zogen Künstler aus San Francisco hierher – der Tex-

Geschützt gegen kalte Winde und versehen mit genügend Feuchtigkeit: Weinstöcke bei Napa

Inmitten ihrer flachen Weinfelder stehen die Höfe der Winemaker des Napa Valley

Auch in Amerika ist die Weinernte noch zum Großteil Handarbeit

Das Mikroklima nördlich der San Francisco Bay hat die Entwicklung zu einem der bedeutendsten Weinanbaugebiete der Welt ermöglicht.

Mex-Welthit „Mendocino“ stammt aus dieser Zeit Ende der 1960er-Jahre. Das Zentrum mit weiß getünchten Häusern im Neuenglandstil steht inzwischen komplett unter Denkmalschutz. Ansprechende Cafés, Restaurants und Bed & Breakfast-Herbergen ziehen neben den Kunstgalerien noch immer viele Besucher und Kurzurlauber aus dem nicht weit entfernten San Francisco und aus Sacramento an.

Weiter im Norden wird es kühler und nebliger, auf Grund einer polaren Meeresströmung. „Eureka“, „ich habe es gefunden“, soll der Kapitän eines Walfangbootes erleichtert gerufen haben, als er eine Einfahrt in die schützende Bucht und damit einen natürlichen Hafen gefunden hatte. Aus der Eureka Bay ist inzwischen der bedeutendste Verladeplatz von Holz und der wichtigste Fischereihafen Nordkaliforniens geworden.

BESUCH BEIM „WINE TRAIN“

Das Mikroklima nördlich der San Francisco Bay, durch das Küstengebirge von zu starken Regenfällen abgeschirmt, hat die Entwicklung zu einem der bedeutenden Weinanbaugebiete der Welt ermöglicht. Rot- und Weißweine aus dem Napa Valley, dem westlich benachbarten beschaulicheren Sonoma Valley und dem Mendocino County im Hinterland der Pazifikküste haben unter Kennern

Höllenhitze im Lassen Volcanic National Park …

… und Eiseskälte am dortigen Lake Helen

Ungezügelte Natur im Fern Canyon des Prairie Creek Redwoods State Park, dem nördlichsten Zipfel bei Orick

Wapiti, Elk genannt, sind sehr große Hirsche

Special ST.-ANDREAS-GRABEN

Warten auf „The Big One“

Kalifornien liegt am östlichen Rand des rund um den Pazifischen Ozean reichenden „Ring of Fire“, einer erdaktiven Zone mit regelmäßigen Erdbeben und Vulkanausbrüchen.

Der St.-Andreas-Graben ist die größte der vielen tektonischen Verwerfungen des Bundesstaates. Seit rund 60 Millionen Jahren reiben sich in Küstennähe auf einer Länge von 1300 Kilometern die pazifische und die nordamerikanische Erdplatte aneinander, beide etwa 300 Kilometer dick. Immer wieder kommt es zu kleineren Erschütterungen, zuweilen aber auch zu größeren Beben. Das gewaltige Erdbeben am 18. April 1906 und die darauffolgenden Brände legten den größten Teil von San Francisco in Trümmer. Auch in jüngerer Zeit schüttelte sich die Erde, 1989, 1994 und im Jahr 2002. Wann wieder eine gewaltsame Entladung aufgestauter Erdspannungen, „The Big One“, den Bundesstaat heimsuchen könnte, ist nicht vorhersehbar. Nur *dass* es irgendwann passieren wird, das erscheint sicher. Der St.-Andreas-Graben erstreckt sich, häufig deutlich auszumachen, von Point Arena parallel zur Küste über Fort Ross, Bodega Bay und Point Reyes nach San Francisco. Von dort zieht er durch die Santa Cruz Mountains nach Süden, am nördlichen Rand der San Gabriel Mountains an Los Angeles vorbei zu den San Bernardino Mountains und zum Salton Sea südlich von Palm Springs.

Urgewalten: Lassen Volcanic National Park

mittlerweile einen guten Ruf – und auch ihren Preis. Besonders zur Weinlese erleben die sanften Weinhügel eine Invasion von Besuchern aus den Städten rund um die Bay. Zwischen Napa und St. Helena verkehrt dann ein „Wine Train“, der zum Gourmet-Menü mit Champagner die idyllische Landschaft gemütlich an sich vorbeiziehen lässt. Viele Weingüter bieten Weinproben und Führungen durch die Kellereien an. Als Padre José Altamira 1823 einige Weinstöcke ins Sonoma Valley brachte, um Messwein für den katholischen Gottesdienst zu kultivieren, konnte er nicht im Entferntesten ahnen, welchen Grundstein er damit legte – für die heute rund 300 Weinbetriebe, die im Jahr rund zwei Milliarden Flaschen besten Rebensaftes produzieren.

WEINLAND KALIFORNIEN

Unbestritten edel

Zwischen Mendocino nördlich von San Francisco und dem Temecula Valley südlich von Los Angeles werden exzellente Rot- und Weißweine angebaut und mit großem Genuss getrunken.

Es geht nichts über eine Weinprobe mit guter Beratung

Als 1976 bei einer Verkostung von Spitzenweinen in Paris ein Cabernet-Sauvignon von den kalifornischen Stag's Leap Wine Cellars aus dem Napa Valley den ersten Platz belegte und die renommierten Weinhäuser aus Bordeaux und dem Burgund hinter sich ließ, war die Sensation perfekt: Ein Wein aus der diesbezüglich eher mitleidig belächelten Neuen Welt konnte ohne Weiteres mit den traditionsbewussten Winzern aus Frankreich und Italien mithalten! Inzwischen genießen kalifornische Tropfen aus dem Napa und Sonoma Valley unter Kennern einen exzellenten Ruf. Nach und nach haben sich auch die großen französischen und italienischen Namen in das sanfthügelige Terroir nordöstlich von San Francisco eingekauft und produzieren selbst kalifornische Weine. Heute bauen über 2000 Betriebe auf mehr als 200 000 kalifornischen Hektar Weinreben an, aus deren Trauben sie schlichten Traubensaft herstellen, sie aber auch zu Spitzentropfen veredeln. Mit einem Ertrag von zwei Milliarden Litern im Jahr sind sie für 90 Prozent der Weinproduktion in den USA verantwortlich. Damit ist Kalifornien nach Italien, Frankreich und Spanien bereits das viertbedeutendste Weinland. Jede fünfte Flasche wird exportiert, vor allem nach Kanada, Japan und nach Westeuropa.

VON DER SONNE VERWÖHNT

Wie aus einem Füllhorn bringt die fruchtbare Erde Kaliforniens beste Erzeugnisse

Auch im – zum Sonoma County gehörenden – Russian Valley werden ganz hervorragende Tropfen angebaut

Stete Traube schöpft den Wein. Auch wenn es zunehmend Edelstahltanks gibt – Holzfässer werden immer bleiben

hervor, die Winzer auf beeindruckende Weise veredeln. Neben dem Boden spielt natürlich das Klima für den Weinanbau in Kalifornien eine besondere Rolle. Es wird von der hohen Sonneneinstrahlung und vor allem durch zwei in Nord-Süd-Richtung verlaufende Gebirgszüge bestimmt. Die Coast Range, das bis zu 1200 Meter hohe Küstengebirge, reicht nördlich von San Francisco und südlich von Monterey bis an den Pazifik heran. Nur rund 200 Kilometer weiter im Landesinneren erheben sich die 4000er-Gipfel der Sierra Nevada. Von den großen Feldern im Central Valley zwischen beiden Bergketten werden meist günstige, halbtrockene Alltagsweine gekeltert, Rosinen, Weintrauben und Traubensaft produziert.

DIE BESTEN WEINE

Die Weinregionen mit den besten Weinen, im Mendocino County, im Sonoma und im Napa Valley nördlich der San Francisco Bay sowie im Santa Ynez Valley zwischen Solvang und Santa Barbara liegen in einer Übergangszone, die gleichermaßen vom heißen Inlandsklima und von maritimen Einflüssen bestimmt wird. Hier gibt es viele warme, sonnige Tage, aber auch kühle Meeresbrisen und Nebel, die durch Gebirgseinschnitte und Senken von Westen in die Täler strömen. Die Trauben können in diesem Mikroklima langsam und gleichmäßig reifen. Ihre ausgeprägte Fruchtnote hat sich zu einem besonderen Merkmal kalifornischer Weine entwickelt.

BESUCHENSWERTE WEINGÜTER

Clos Pegase
1060 Dunaweal Lane/SR 29, Calistoga, Tel. 707/942 49 81; tgl. 10.30–17.00, Führungen 11.00 und 14.00 Uhr.
www.clospegase.com

Beringer Vineyards
2000 Main Street/SR 29, St. Helena, Tel. 707/967 44 12; Ende Mai–Okt. tgl. 10.00–18.00, sonst bis 17.00 Uhr).
www.beringer.com

Viansa Winery
25200 Arnold Drive/ Highway 121, Sonoma, Tel. 707/ 935 47 00; tgl. 10.00–17.00, Führungen gegen Gebühr tgl. 11.00 und 14.15 Uhr.
www.viansa.com

Artesa Vineyards & Winery
1345 Henry Road, Napa, Tel. 707/224 16 68; Führungen tgl. 11.00 und 14.00 Uhr.
www.artesawinery.com

Domaine Chandon
1 California Drive, Yountville, Tel. 707/9442280; Mai–Dez. So.–Do. 10.00–18.00, Fr. und Sa. 10.00–19.00, Führungen 11.00, 13.00, 15.00 und 17.00, sonst So.–Fr. 10.00–17.00, Sa. 10.00–18.00, Führungen So.–Fr. 11.00, 13.00 und 15.00, Sa. auch 17.00 Uhr.
www.chandon.com

Frau mit Hut – steht ihr gut. Und gut Lachen hat sie obendrein – denn ihr Wein kommt aus kalifornischen Landen und kann also nur ganz hervorragend sein …

Brookings
Oregon Caves Nat. Mon.
Copper
Siskiyou
Worden
Merrill
Langell Valley
Goose L.
New Pine Creek
Hazelview Summit (637)
Collier Tunnel
Smith River
Gasquet
Siskiyou Mts.
Klamath River Lodge
Hilt
Copco
Dorris
Klamath Riv.
Lower Klamath N.W.R.
Tule L.
Tulelake
Clear Lake Res.
Willow Ranch
Fandango Pass (1859)
Pt. St. George
Crescent City
Happy Camp
Clear Creek
Hamburg
Klamath Mountains
Yreka
Mt. Hebron
Tule L. N.W.R.
Clear L. N.W.R.
Lava Beds Nat. Mon.
Perez
Davis Creek
Upper L.
Warner Mts.
Redwood N. P.
Klamath
Ft. Jones
Grenada
Bray
Cougar
Cedar Pass (1935)
Vya
Greenview
Gazelle
Alturas
Cedarville
Middle Alkali L.
Yurok Ind. Res.
Somes Bar
Weed
Mt. Shasta 4317
Mt.Shasta
Canby
Johnsons
Forks of Salmon
Callahan
Bartle
Eagleville
Orick
McCloud
Dunsmuir
Pondosa
Day
Lookout
Adin
Likely
Lower L.
Weitchpec
Hoopa Valley Ind. Res.
Hoopa
Cecilville
Trinity Center
Big Bend
Bieber
Nubieber
Sage Hen Summit
Madeline
Trinidad
Thompson Pk. 2744
Willow Creek
Lake Shasta Caverns
Fall River Mills
Arcata
Eureka
Humboldt B.
Blue Lake
Burnt Ranch
Whiskeytown Shasta-Trinity N.R.A.
Clair Engle L.
Lake-head
Shasta L.
Burney
Round Mountain
Ravendale
Big Bar
Weaverville
Central Valley
Subway Caves
Old Station
Loleta
Fortuna
Douglas City
Redding
Eagle Lake
Ferndale
Rio Dell
Scotia
Bridgeville
Forest Glen
Shingletown
Lassen Pk. 3187
Lassen Volcanic Nat. Park
Merrillville
Susanville
Litchfield
Fredonyer Summit
Smoke Creek Desert
Petrolia
Weott
Humboldt Redwoods State Park
Platina
Cotton-wood
Mineral
Paynes Creek
Westwood
Engelmine
Honey L.
Zenia
Avenue of the Giants
Red Bluff
Almanor
Greenville
Milford
Shelter Cove
Garber-ville
Mt. Lynn 2466
Los Molinos
Belden
Indian Falls
Doyle
Redwood Empire
Round Valley Ind. Res.
Paskenta
Corning
Sacramento Riv.
Keddie
Leggett
Covelo
Mendocino Pass
Hamilton City
Jarbo Pass
Paradise
Portola
Beckwourth Pass (1588)
Chilcoot
Blairsden
Laytonville
Dos Rios
Chrome
Orland
Chico
Oroville Res.
Feather Falls
La Porte
Loyalton
Westport
Longvale
Elk Cr.
Downieville
Yuba Pass
Sierraville
Fort Bragg
Willows
Codora
Oroville
RENO
Noyo
Willits
Snow Mt. 2151
Stonyford
Princeton
Gridley
Truckee
Mendocino
Ridgewood Summit
Redwood Valley
Lodoga
Maxwell
Colusa
Grass Valley
Emigrant Gap
Donner Pass
Tahoe City
Albion
Navarro
Ukiah
Upper Lake
Sacramento Valley
Yuba City
Marysville
Lake Tahoe
Philo
Lucerne
Williams
A.F.B.
Colfax
Wentworth Sprs.
Boonville
Clear L.
Wheatland
Rubicon Riv.
Pt. Arena
Hopland
Clearlake
Lower Lake
Arbuckle
Lincoln
Little Norway
Sth. Lake
Dunnigan
Knights Landing
Newcastle
Auburn
Georgetown
Pacific House
Gualala
Adams
Cloverdale
Geyserville
Whispering Pines
Middletown
Guinda
Citrus Heights
Luther Pass
Woodford
Esparto
Linda
Placerville
Markleeville
Stewarts Point
Calistoga
Lake Berryessa
Woodland
Carmichael
Somerset
Rancho Cordova
Winters
Davis
SACRAMENTO
Guerneville
Jenner
Sta. Rosa
Vacaville
Dixon
Florin
Michigan Bar
Plymouth
Drytown
Bear Valley
Feestone
Sebastopol
Yountville
Elk Grove
Pioneer
Jackson
Bodega Bay
Tomales B.
Sonoma
Napa
Fairfield
Clay
Jone
Mokelumne Hill
Arnold
Petaluma
Galt
San Andreas
Strawberry
Point Reyes Nat. Seashore
Vallejo
Rio Vista
Lodi
Lockeford
Valley Sprs.
Douglas Flat
Long Barn
S. Pablo B.
Collinsville
Angels Camp
Columbia
Benicia
Novato
Pittsburgh
Bellota
Sonora
Pt. Reyes
Drakes Bay
S. Anselmo
Richmond
El Cerrito
CONCORD
Stockton
Linden
Tuttle Town
Tuolumne
Walnut
Farmington
Groveland
Golden Gate Bridge
Sausalito
BERKELEY
Manteca
Escalon
Oakdale
Keystone
SAN FRANCISCO
OAKLAND
Tracy
Riverbank
Coulterville
Daly City
Hayward
Liver-more
Vernalis
Empire
La Grange
Pacifica
Union City
FREMONT
MODESTO
Turlock
Snelling
Mt. Bullion
Midpine
San Mateo
Redwood City
Half Moon Bay
Patterson
Atwater
Mariposa
Palo Alto
Milpitas
SUNNYVALE
Stevinson
Merced
San Gregorio
Newman
San Luis N.W.R.
Planada
Pescadero
Cupertino
SAN JOSE
Saratoga
Los Gatos
Chowchilla
Boulder Creek
Morgan Hill
Año Nuevo Pt.
Diablo
01
02
03
04
Maßstab 1:2.100.000
0
40 km

Wo die Natur „das Sagen" hat

Im landschaftlich besonders reizvollen Norden Kaliforniens finden Reisende die Weinanbaugebiete von Napa und Sonoma Valley, erloschene oder nur schlafende Riesenvulkane wie den Mount Shasta und den Lassen Peak, Sequoia-Baumriesen im Humboldt State Park und im Redwood National Park nicht weit von der Pazifikküste.

01 EUREKA

Der Holz- und Fischerhafen an der Humboldt Bay ist das wirtschaftliche Zentrum der nebligen Nordküste. Reich ornamentierte viktorianische Villen, gebaut um die Wende zum 20. Jahrhundert, dokumentieren den einstigen Reichtum der Holzbarone. Weiter im Norden zwischen Orick und Crescent City schützt der Redwood National Park verbunden mit einigen State Parks in einem Naturschutzgelände von fast 700 km² große Bestände der Küsten-Sequoias. Crescent City liegt schon fast an der Grenze zu dem benachbarten Bundesstaat Oregon. Hellt das neblig-feuchte Klima auf, zeigt sich eine felsige Panoramaküste mit grünem Hinterland, die sich 60 km weit nach Norden bis zum Smith River streckt.

Sehenswert

Rund 100 im viktorianischen Stil erbaute **Holzhäuser** machen einen Spaziergang durch die Old Town zum Genuss. Das **Clarke Historical Museum** hat eine bemerkenswerte Sammlung regionaler indianischer Kunst zusammengetragen (240 E Street, www. clarkemuseum.org; Mi.–Sa. 11.00–16.00 Uhr).

Hotels und Restaurants

Die opulente Bed & Breakfast-Herberge von 1878, **Abigail's Elegant Victorian Mansion**, steht seit langem unter Denkmalschutz (1406 C Street, Eureka CA 95501, Tel. 707/4443144, www.eureka-california.com; Zimmer ab 135 $). Acht ansprechende B&B-Zimmer in hübscher

Giganten des Waldes: Redwoods

Das Battery Point Lighthouse bei Crescent City

Gartenanlage bietet der **Shaw House Inn** (703 Main Street, Ferndale CA 95536, Tel. 707/7869958, www.shawhouse.com; Zimmer ab 125 $ inkl. Frühstück).
Herzhafte Küche mit großen Portionen gibt es seit mehr als 100 Jahren im **Samoa Cookhouse** (Cookhouse Road, Samoa-Halbinsel vor Eureka, Tel. 707/4421659, www.samoacookhouse.net). Frischen Fisch und Pastagerichte bietet **Curley's Grill** mittags und abends, am Wochenende auch Frühstück (320 Main St., Fortuna, Tel. 707/7251595).

Umgebung

Der **Redwood National Park** (www.nps.gov/redw) zieht sich mit einigen angegliederten State Parks von Eureka bis an die Grenze zu Oregon im Norden. Hier stehen die größten Bäume der Welt, wie der 111 m hohe National Geographic Tree. Ein Wanderweg vom Redwood Information Center bei Orick führt zum eindrucksvollen Tall Trees Grove.
Im **Humboldt Redwoods State Park**, dem mit rund 200 km² größten Nordkaliforniens, sind rund 40 Prozent der weltweit noch nicht abgeholzten Küstenredwoods geschützt (Humboldt Redwoods State Park, Weott, www.humboldtredwoods.org). Der Bundesstaat und die private „Save-the-Redwoods"-Liga haben verschiedene Haine mit den „Sequoia sempervirens" aufgekauft und unter Naturschutz der Allgemeinheit zur Verfügung gestellt. Über 100 Redwood-Haine sind nach privaten Mäzenen benannt. **Avenue of the Giants** ▶TOPZIEL nennt sich die rund 50 km lange schmale Straße parallel zum Highway US 101, die sich entlang des Eel River durch eines der ältesten Waldgebiete der Erde schlängelt. Immer wieder führen Spazierwege zu besonders gewaltigen, rund 100 m hohen Bäumen, neben denen menschliche Besucher wie Zwerge wirken. Benbow, Miranda oder Weott nennen sich die winzigen Orte entlang der Highways, versteckt zwischen Redwood-, Nadel- und Eichenwäldern. In den dichten Waldgebieten um Garberville hatten sich in den 1980er-Jahren illegale Marihuana-Plantagen versteckt – doch auch diese Zeiten sind längst vorbei.

Information

Eureka/Humboldt County Convention and Visitors Bureau, 1034 Second Street, Eureka CA 95501 Tel. 707/4435097, www.redwoodvisitor.org

02 REDDING

Die mit rund 90000 Einw. größte Stadt im Norden Kaliforniens und Hauptstadt des Shasta County liegt inmitten einer dünn besiedelten Landschaft von Wäldern, Wiesen und Bergen – eine Region, die durch extreme Temperaturunterschiede bekannt ist, mit starker Hitze im Sommer und bis zu –50 °C im Winter. Die über 1000 km² große Whiskey-town-Shasta-Trinity Recreation Area mit dem Shasta Lake und anderen Stauseen bietet Wassersportvergnügen und endlose Wandermöglichkeiten. Mit dem 4317 m hohen Mount Shasta, der schon bei den indianischen Ureinwohnern kultische Verehrung genoss, und dem 3187 m hohen Lassen Peak, in dem es immer noch brodelt und zischt, ragen die beiden spektakulärsten Vulkanberge Kaliforniens jeweils nur rund 50 km entfernt im Norden und im Osten in den Himmel.

Sehenswert

Im **Shasta State Historic Park** wird die Zeit des Goldrausches lebendig, mit windschiefen

Infos

Tipp

Über 30 Brücken ...

Von ihrem Depot in Fort Bragg schnauft und stampft die Eisenbahn 65 km durch die hügeligen Wälder des Hinterlandes. Auf dem Dreieinhalb-Stunden-Trip geht es auf der 1885 eingerichteten **„Redwood Route“** über 30 Brücken und durch einen Tunnel, am Noyo River Canyon entlang und vorbei an Hainen mit eindrucksvollen, turmhohen Redwood-Bäumen. Den Spitznamen „Stinktier“ erhielt der Zug in den 1920er-Jahren, als er mit übel riechendem Diesel befeuert wurde.

The Skunk Train, Laurel Street, Fort Bragg, Tel. 707/964 63 71, www.skunktrain.com, März–Okt. tgl., sonst Sa. und So. 10.00 Uhr

Gebäuden, alten Gerätschaften und einer Kunstausstellung rund um Gold und Bergbau (an der SR 299; Park tgl., Museum Do.–So. 10.00–17.00 Uhr). Das Bergbaustädtchen **Shasta** (5 km westl.) wurde zur Geisterstadt, als sich die Goldminen erschöpften. Architektonisch interessant ist die 2004 erbaute, 213 m lange **Sundial Bridge**.

Hotel und Restaurant

Tiffany House ist ein gepflegtes Bed & Breakfast auf einem Hügel mit Mt.-Shasta-Blick (1510 Barbara Road, Redding CA 96003, Tel. 530/244 32 25, www.tiffanyhousebb.com; Zimmer ab 90 $).
Café Maddalena, ein gemütliches Restaurant im Bistro-Stil, serviert Gerichte mit mediterranen Anleihen (5801 Sacramento Avenue, Dunsmuir, Rtg. Mt. Shasta, Tel. 530/235 27 25).

Umgebung

Der östl. gelegene **Lassen Volcanic National Park** (www.nps.gov/lavo, Information Center in Mineral) ist der Überrest eines gewaltigen Kraters, der vor 300 000 Jahren explodierte. Die Lassen Park Road führt am 3187 m hohen Lassen Peak vorbei durch den Park, zu den Dampfsäulen von Hot Springs und den Thermalquellen und Schlammtöpfen von Bumpass Hell; die Straße ist bis in den Mai meist nicht passierbar. Die Natur hat in den letzten 500 000 Jahren rund um den ehem. Medicine Lake Vulkan die bizarre Landschaft des **Lava Beds National Monument** mit Kratern und mehreren hundert Höhlen geformt (nordöstl. des Mt. Shasta). Die „Lava Tubes“ entstanden, als das flüssige Gestein an der Oberfläche schon erkaltet war, darunter aber noch weiter floss.

Information

Redding Convention and Visitors Bureau, 77 Auditorium Drive, Redding CA 96001, Tel. 530/225 41 00, www.visitredding.org

03 FORT BRAGG

Fort Bragg ist mit seinen Sägewerken ein traditionelles Zentrum der Holzindustrie. Von Fort Ross, in der ersten Hälfte des 19. Jh. Stützpunkt russischer Pelzjäger und -händler, bis Mendocino und Fort Bragg führt der Highway 1 parallel zur rauen Steilküste des Pazifischen Ozeans. Immer wieder tauchen kleine Siedlungen auf – Bodega Bay, wo Hitchcock den Film „Die Vögel“ gedreht hat, Jenner oder Albion. Auf den Klippen kann man zuweilen Robben und Seelöwen ausmachen. Im Hinterland von Santa Rosa bis Mendocino werden ausgezeichnete Weine angebaut.

Sehenswert

Der **Fort Ross State Historic Park** (an der SR 1, 20 km nördl. Jenner; tgl. tagsüber) war 1812–1841 Stützpunkt russischer Pelzhändler, die ihren Einfluss gegen das spanische „Alta California“ abgrenzen wollten. Palisaden und Gebäude sind restauriert und illustrieren ein wenig bekanntes Kapitel der nordamerikanischen Geschichte. Durch den 20 ha großen **Mendocino Coast Botanical Garden** führen Spazierwege vorbei an Nadelbäumen, Farnen aller Art, Fuchsien, Rhododendren, Kamelien, Rosen und Iris bis an die Küste des Pazifik (an der SR 1, knapp 2 km südl. Mendocino, www.gardenbythesea.org; tgl. ab 9.00 Uhr). Im **Mac Kerricher State Park** gleich nördl. Fort Bragg lässt sich nicht nur nett picknicken, an den Felsen kann man fast immer Robben beobachten. Im Frühjahr und Herbst ziehen Wale in Küstennähe vorbei.

Hotels und Restaurant

Mendocino Hotel & Garden Suites ist ein zentral gelegenes, restauriertes viktorianisches Hotel mit 50 Zimmern (45080 Main Street, Mendocino CA 95460, Tel. 707/9370511, www.mendocinohotel.com; Zimmer ab 95 $), der **Pine Beach Inn** ein komfortables kleines Hotel zwischen Mendocino und Fort Bragg in hübscher Gartenanlage (16801 North Highway 1, Fort Bragg CA 95437, Tel. 707/964 83 88, www.pinebeachinn.com; Zimmer ab 99 $). Im **Bay View Café** gibt es Sandwiches und kleine Gerichte (45040 Main Street, Mendocino, Tel. 707/937 41 97).

Information

Fort Bragg-Mendocino Coast Chamber of Commerce, 332 North Main Street, Fort Bragg CA 95437, Tel. 707/961 63 99, www.mendocinocoast.com

04 NAPA

Von der gleichnamigen County-Hauptstadt ziehen sich der Highway 29 und etwas weiter im Osten der Silverado Trail durch eine ländliche Idylle bis nach Calistoga, das auch für seine heißen Quellen und einen Geysir bekannt ist, nach Norden. Den Namen verdankt der Ort einem hier einst ansässigen Indianerstamm.

Sehenswert

Nicht nur der Yellowstone National Park, auch das **Napa Valley** ▶TOPZIEL hat seinen **Old Faithful Geysir** (1299 Tubbs Lane, Calistoga), der alle 30 bis 50 Minuten eine rund 20 m hohe Wassersäule in den Himmel schleudert.

Museen

Fans von Charlie Brown, Snoopy und Lucy können in die Cartoon-Welt des **Charles M. Schulz**

Orthodoxe Kirche in Fort Ross

Museum eintauchen; der in Minnesota geborene Zeichner (1922–2000) hatte die letzten Jahre vor seinem Tod in Santa Rosa gelebt (2301 Hardies Lane, Santa Rosa, www.schulzmuseum.org; im Sommer tgl., Ende Mai–Anf. Sept. Mo.–Fr. 11.00–17.00, Sa. und So. 10.00 bis 17.00 Uhr, sonst Di. geschl.).
Im **Jack London State Historic Park** finden Besucher die Ruinen des abgebrannten Hauses und ein Museum über das Leben des Bestsellerautors (1876–1916); Wanderwege erschließen das parkähnliche Grundstück (2400 London Ranch Road, Glen Ellen, südöstl. Santa Rosa; tgl. 9.30–17.00 Uhr).

Hotels und Restaurant

Cedar Gables Inn ist ein romantisches Bed & Breakfast, mit Antiquitäten eingerichtet (486 Coombs Street, Napa CA 94559, Tel. 707/2247969, www.cedargablesinn.com; Zimmer ab 200 $), **Dr. Wilkinson's Hot Springs Resort** ein nostalgisches Badehotel mit heißen Schlammpackungen (1507 Lincoln Avenue, Calistoga CA 94515, Tel. 707/9424102, www.drwilkinson.com; Zimmer ab 109 $). Die Ende des 19. Jh. von einem Deutschen gegründete schmucke Herberge **The Sonoma Hotel** hat einst als Lagerraum gedient; exzellentes Restaurant „the girl and the fig" mit französisch inspirierter Küche (110 West Spain Street, Sonoma CA 95476, Tel. 800/4686016, www.sonomahotel.com; Zimmer ab 120 $).
Im wuchtigen ehem. Gebäude der Christian Brothers Winery servieren heute Studenten des Culinary Institute of America die leichte kalifornisch-mediterrane Küche des **Wine Spectator Greystone Restaurant** (2555 Main Street, St.Helena, nördl. Napa, Tel. 707/9671010). Das Restaurant **Redd** bietet kalifornische Fusion-Küche mit mediterranen und asiatischen Einflüssen; ausgezeichnete Weinliste heimischer Gewächse (6480 Washington Street, Highway 29, Yountville, nördl. Napa, Tel. 707/9442222, www.reddnapavalley.com).

Umgebung

Die meisten Weingüter des benachbarten **Sonoma Valley** verteilen sich zwischen Santa Rosa und dem Sonoma Lake im Norden. Chardonnay wird hier angebaut, aber auch Riesling und Sauvignon Blanc. Bei den Roten gehören Cabernet Sauvignon, Merlot, Pinot Noir und der Zinfandel zu den Favoriten.

Information

Napa Valley Conference and Visitors Bureau, 1310 Napa Town Center, Napa CA 94559, Tel. 707/2265813, www.napavalley.com; Sonoma Country Tourism Bureau, 420 Aviation Boulevard, Suite 106, Santa Rosa CA 95403, Tel. 707/5225800, www.SonomaCounty.com

DuMont Aktiv

Über schäumende Wasser

Im „North State", wie viele den Norden Kaliforniens einfach nennen, gehört das Rafting zu den beliebten Outdoor-Vergnügen. Mit stabilen Gummiflößen geht es auf munter sprudelnden Flüssen oder durch schäumende Stromschnellen stromabwärts.

Schon aus der Ferne sind die stabilen Gummiflöße und ihre mit gelben und orangen Schwimmwesten ausgestatteten Passagiere als bunte Flecken auszumachen. Wer näher kommt, hört auch die ausgelassenen Rufe, die der „Thrill", durch die Wogen der Wildflüsse zu tanzen, unweigerlich auslöst. Der Yuba oder der American River und die anderen schnellen Zuflüsse durch das Gold Country in den Ausläufern der Sierra Nevada östlich von Sacramento sind die Top-Reviere für Rafter. Dazu kommen die Flüsse und Bäche im wasserreichen Norden zwischen dem magischen Mt. Shasta und Redding, der inoffiziellen Hauptstadt des „North State".

Richtig schön wird's erst, ...

... wenn' richtig wild wird

Vor allem im Frühjahr, wenn der Winterschnee auf den Bergen taut, oder nach längeren Regenfällen wird der gemütliche „Upper Sac", der Upper Sacramento River, zum Wildwasserrevier mit über 50 Stromschnellen auf genausoviel Flusskilometern. Auch die Stromschnellen auf dem eher ruhigen Klamath ganz im Norden, Kaliforniens längstem Fluss, bekommen dann Schaumkronen. Wer nicht bloß auf die Wasserstrudel schaut, dürfte in der dünn besiedelten Region auch von der Fauna – mit Reihern und Fischadlern, Schildkröten, Fischottern – und den vielen Wasserfällen bei den Zuflüssen begeistert sein.

WEITERE INFORMATIONEN

American River Raft Rentals, 11257 S. Bridge St., Rancho Cordova, Tel. 916/6356400, www.raftrentals.com bietet Touren auf dem American River nicht weit von Sacramento an. **Tributary Whitewater Tours** bietet Touren in beiden Schwerpunktregionen (Tel. 530/3466812, www.whitewatertours.com).

Gold, Geisterorte und Bergriesen

Die majestätischen, bis zu 4000 Meter hohen Berggipfel der Sierra Nevada grenzen Kalifornien nach Osten ab. Spektakuläre Natur bildet hier das größte touristische Kapital, Geisterorte und verlassene Minen in den westlichen Ausläufern des Gebirges erzählen vom großen Goldrausch vor mehr als 150 Jahren.

Klettern in den Bergen der Sierra Nevada – frau gönnt sich ja sonst nichts

Westernatmosphäre in (Old) Sacramento

Nachts stimmungsvoll illuminiert und seit 2002 im neuen goldenen Glanz: die Tower Bridge in Sacramento, Kaliforniens Hauptstadt

Unter der Rotunde des California State Capitol steht seit 1883 die von Larkin Goldsmith Meade entworfene Carrara-Marmor-Skulpturengruppe „Columbus' Last Appeal to Queen Isabella"

Virginia & Truckee Railroad No. 12 „Genoa" im Eisenbahnmuseum von Sacramento

Special EXECUTIVE ORDER 9066

Ein dunkles Kapitel

Im Februar 1942, zwei Monate nach dem Angriff der japanischen Luftwaffe auf Pearl Harbor, unterzeichnete Präsident Roosevelt die Executive Order 9066. Sie verfügte unter anderem die Internierung aller Japaner und Amerikaner mit japanischen Vorfahren.

Mehr als 120 000 Menschen, zwei Drittel von ihnen amerikanische Staatsbürger, wurden 1942 mit Bussen und leichtem Gepäck in notdürftige Camps, Gefängnisse und schließlich in schnell errichtete Internierungslager verfrachtet. Bei Manzanar, in der Halbwüste westlich des Death Valley blieben fast 11 000 Gefangene, darunter viele Jugendliche und Kinder, ohne eine Anklage oder Gerichtsverhandlung bis zum November 1945 hier interniert. Heute erinnert eine Gedenkstätte an das Schicksal dieser Menschen.

Er traute seinen Augen nicht: Dort, wo James Marshall am Fluss bei Coloma für den Deutsch-Schweizer Immigranten und Grundbesitzer John Sutter eine Sägemühle errichten sollte, schimmerten goldene Flecken am Bachgrund. Tatsächlich hatte das sprudelnde Wasser des American River pures Gold freigelegt. Und als die Kunde von dem unerhörten Fund wie ein Lauffeuer durchs Land ging, strömten Abenteurer und Glücksucher aus den gesamten USA in das gerade von Mexiko annektierte Kalifornien – die Folgen waren mindestens so tiefschürfend wie ein Erdbeben. „Mother Lode", Haupterzader, nannten die Goldsucher Mitte des 19. Jahrhunderts die Region zwischen Mariposa und Sierra City, in der goldig schimmerndes Edelmetall bis an die Oberfläche reichte und Hunderttausende in einen Goldrausch versetzte. Claims wurden abgesteckt, Stollen in die Erde gegraben und der Sand in den Flussbetten nach glitzernden Körnern durchsiebt. Doch die leicht zugänglichen Fundstätten waren schnell ausgebeutet. Bergbaugesellschaften mit schwerem Gerät und dem notwendigen Kapital gruben tiefe Stollen in den Fels, um das Edelmetall aus dem Quarzgestein zu lösen. Auch wenn die Aussicht auf schnellen Reichtum nun nicht mehr locken konnte, blieben viele im Land und ver-

Angeln gehört zu den beliebtesten Freizeitvergnügungen

Go for gold!

Beeindruckend dekoriert: Ghosttown Bodie

„If you have to shoot – shoot“: Am „Living History Day“ in Columbia bekommt die Vergangenheit eine Gegenwart – und wer nicht aufpasst, ein paar blaue Bohnen serviert

Special DER GROSSE GOLDRAUSCH

Den Anfang machten die „Fortyniners“

Die einen kamen durch heiße Wüsten und über eisige Berggipfel. Andere erreichten den Westen über Mittelamerika oder umschifften auf gefährlicher Route Kap Horn. Ihr gemeinsames Ziel waren die Goldfelder von Kalifornien.

Noch während des Krieges gegen Mexiko war im Januar 1848 nicht weit von Sacramento im Bett des American River durch Zufall Gold gefunden worden. Schnell sprach sich der Fund herum, und spätestens als US-Präsident Polk im Dezember desselben Jahres im amerikanischen Kongress einen kalifornischen Goldklumpen in die Höhe hob, gab es kein Halten mehr. Hunderttausende machten sich auf ins gelobte Land. „Fortyniners“ nannte man sie nach dem Jahr ihrer Ankunft in Kalifornien. Die Bevölkerungszahl von San Francisco und anderen Orten explodierte geradezu. Claims wurden abgesteckt und die Erde nach Goldspuren durchwühlt. Doch das große Geld wurde bei der Versorgung der Golddigger mit Lebensmitteln und Werkzeugen gemacht. Wenige Jahre später war die Zeit der privaten Glücksucher vorbei und gut organisierte Minengesellschaften übernahmen das Kommando. Doch das gerade von den USA annektierte Kalifornien war auf einen Schlag besiedelt und wurde schon 1850 als 31. Bundesstaat in die Union aufgenommen.

Ein Nugget macht noch keinen Sommer

suchten sich eine Existenz aufzubauen. Erst 1968, 120 Jahre nach dem ersten Fund, wurde mit dem Tagebergbau bei Hammonton nördlich von Sacramento in Kalifornien die kommerzielle Goldförderung beendet. Der State Highway 49 verbindet viele der 1849 gegründeten Bergbauorte wie Carson Hill, wo der mit einem Gewicht von knapp 73 Kilogramm größte Goldklumpen Kaliforniens gefunden wurde.

DIE GROSSEN VIER

Collis Huntington, Leland Stanford, Charles Crocker und Mark Hopkins hatten ihr Gold nicht mit schwieligen Händen in der Erde gefunden, sondern es in Sacramento als Kaufleute für Textilien, Lebensmittel und Werkzeug verdient. Bei der Präsidentschaftskampagne 1860 unterstützten sie Abraham Lincoln, auch sie waren gegen die Sklaverei und sahen die Zukunft nicht auf den Baumwollplantagen der Südstaaten, sondern im Maschinenzeitalter. Das riesige Land war schlecht erschlossen, Nachrichten, Menschen und Fracht waren lange und mühsam durch Wüsten, Berge und Indianerland unterwegs. Den „Big Four“, wie die Vier bald genannt wurden, gelang es, die Lizenz für den Bau des westlichen Teils der transkontinentalen Eisenbahnstrecke zu erhalten – ein riesiges Geschäft. Bis das letzte Schienenstück

Mensch und Natur: Im Süden des Yosemite-Nationalparks liegt der Mariposa Grove mit seinen mächtigen Redwoods

Blick vom Glacier Point ins Tal des Merced River: Für Naturfreunde reihen sich im Yosemite-Nationalpark die Highlights

Rafting auf dem Merced River ist ein vergleichsweise ruhiges Unternehmen

1869 in Utah gelegt war, erhielten sie für jede fertiggestellte Meile 18 000 Dollar und einen breiten Landstreifen beiderseits der Trasse von der Regierung in Washington. Ein weit gespanntes Netz von Immobilien- und Eisenbahnunternehmen verschaffte ihnen bald einen märchenhaften Reichtum und politischen Einfluss.

DIE GRÖSSTEN LEBEWESEN ...

... der Welt findet man an den Westhängen der Sierra Nevada. Riesensequoias werden bis zu 3000 Jahre alt. Die engen Verwandten der Redwoods, die in der Küstenregion zwischen San Francisco und der Grenze zu Oregon Besucher in Erstaunen versetzen, sind „nur" knapp über 80 Meter hoch, erreichen aber dafür einen Durchmesser über elf Meter. Nicht durch die indianischen Ureinwohner, die bereits 8000 Jahre lang die Sierra Nevada durchstreiften, erst durch die Einwanderer aus dem Osten Nordamerikas, die ihnen ab der Mitte des 19. Jahrhunderts mit Äxten und Sägen zu Leibe rückten, waren die Baumriesen tödlicher Gefahr ausgesetzt. Zu verlockend war die Vorstellung, aus nur einem gefällten Stamm gleich mehrere Häuser, Hunderte Bahnschwellen oder Grubenhölzer herstellen zu können. Waldbrände können den Baumriesen kaum etwas anhaben. Die bis zu 50 Zentimeter dicke Rinde schwitzt bei Hitze eine Flüssigkeit aus, die wie ein chemischer Feuerlöscher wirkt. Und Feuer ist sogar die Voraussetzung für neues Leben, denn erst bei entsprechender Hitze öffnen sich die heruntergefallenen Zapfen und geben die Baumsamen frei. Die finden nun in dem zu nährstoffreicher Asche verbrannten Unterholz reichlich Nahrung und auch ausreichend Licht, um gedeihen zu können.

Schon Abraham Lincoln war von den Riesenbäumen beeindruckt und stellte im Jahr 1864 den Mariposa Grove im Yosemite Valley unter Naturschutz. Im Jahr 1890 entstanden dann der Yosemite und der Sequoia National Park.

Der Weg ist das Ziel

Der Highway 1 entlang der Pazifikküste bietet vor allem zwischen Carmel und San Simeon traumhafte Ausblicke auf steile Felsen und bewaldete Berghänge der Santa Lucia Range, die hier geradezu ins Meer stürzen. Aber auch kulturelle Höhepunkte sind in schillernder Vielfältigkeit zu finden – vom Schloss des einstigen Pressemoguls Hearst bis zu den steinernen Spuren des Glaubens, den spanischen Missionsstationen.

Traumstraße der Welt: der Highway 1 mit der im Jahr 1932 fertiggestellten, 280 Meter langen und über 85 Meter hohen Bixby Creek Bridge

Kilometerlang erstreckt sich der Strand von Santa Cruz im Norden – der Board Walk ist ein regelrechter Freizeitpark

Santa Barbara: „Girls just wanna have fun", oder?

Boys aber auch: Ritt auf der (zweifellos perfekten) Welle bei Santa Cruz

Beachvolleyball am Sandy Beach in Santa Barbara: Anlauf zum Schmetterball

Special SILICON VALLEY

Der Aufstieg der Dotcom-Community

Global Player mit Sitz im Silicon Valley

Der Korridor zwischen Palo Alto im Norden und San Jose im Süden ist weltweit unter dem Begriff „Silicon Valley" bekannt.

Zwar entwickelte Dr. Lee de Forest schon 1910 im Laboratorium der Federal Telegraph Company in Palo Alto wichtige elektronische Bauteile für die Entwicklung des Radios und von Ferngesprächen. Doch erst seit in den 1950er-Jahren Absolventen der Stanford University im benachbarten „Industrial Park" kleine Technologieunternehmen gründeten und in den 1960er-Jahren Tüftler in ihren Werkstätten und Garagen begannen, an Computern zu basteln, beschleunigte sich die Entwicklung zum Zentrum der Hochtechnologie. William Hewlett und David Packard hatten hier schon während des Zweiten Weltkriegs gute Geschäfte gemacht, ihr gemeinsames Unternehmen gehört bis heute zu den großen in der Computerindustrie. Als legendär gelten die „Basteleien" von Steven Jobs und Stephen Wozniak, die den ersten „Personal Computer" zum Ergebnis hatten – Ursprung der Apple Inc. Später kamen alle großen Namen der Computer- und IT-Branche hinzu – von AMD und Apple über die bereits ehrwürdige IBM, Oracle und Sun bis Yahoo. Im Intel-Museum von Santa Clara wird die Entwicklung anschaulich dargestellt.

An den Stränden der Monterey Bay zwischen Santa Cruz und Monterey herrscht in den Sommermonaten in der Regel ein munter entspanntes Treiben, und das trotz der doch noch recht kalten Wassertemperaturen. Aber gleich im Hinterland bei Salinas und im fruchtbaren breiten Tal des Salinas River beginnt eine andere Welt. Landarbeiter aus Mexiko bauen auf großen Feldern Gemüse an, etwas weiter gedeiht Weizen: Das ist der Kosmos, in dem die Romane des Literaturnobelpreisträgers John Steinbeck spielen. Zwar waren es in dem in den 1930er-Jahren entstandenen Roman „Früchte des Zorns" entwurzelte Bauern aus Oklahoma, die in Kalifornien Fuß zu fassen versuchten – Parallelen zu den Einwanderern aus Mexiko in der heutigen Zeit sind jedoch unverkennbar. Die sozialkritischen und naturalistischen Romane wie „Tortilla Flat", „Von Mäusen und Menschen" und „Jenseits von Eden" haben Steinbeck seinerzeit bei den wohlhabenden Grundbesitzern der Region nur wenig Freunde gemacht, heute sieht man den 1968 verstorbenen Schriftsteller von Weltrang etwas milder. Ein gut besuchtes „National Steinbeck Center" nicht weit vom Geburtshaus des berühmtesten Sohnes von Salinas in der Central Avenue beschäftigt sich mit seinem Leben und Werk, das

Bei Salinas steht diese viktorianische Farm inmitten ihrer Gemüsefelder (rechte Seite), Farmer sind hier die Größten (rechts; unten einen Morgenstimmung im Salinas Valley): Bis heute fühlt man sich in dieser Region vielerorts an den bekanntesten, 1955 mit James Dean in der Hauptrolle verfilmten Roman von John Steinbeck erinnert: „East of Eden“.

1962 mit dem Nobelpreis für Literatur geehrt wurde. Es informiert auf lebendige Weise über die Geschichte der Landwirtschaft Kaliforniens und im Salinas Valley, über technische Innovationen, gesellschaftliche Verhältnisse der Menschen und über ihre Widerspiegelung in der Kunst.

EIN DRAMATISCHES NATURSCHAUSPIEL

Am rund 160 Kilometer langen Küstenabschnitt südlich von Monterey und Carmel treffen der pazifische Ozean und die Santa-Lucia-Bergkette dramatisch aufeinander. Die Brandung bricht sich an den Klippen, Canyons, von der Küstenstraße auf eleganten Brücken überwunden, schneiden tief in die Ausläufer der Berge ein. Das lange unzugängliche Terrain wurde erst in den 1930er-Jahren durch den Highway 1 erschlossen. Immer noch hat die Natur die Oberhand, Menschen siedeln hier nur vereinzelt. Zwischen Salinas und Paso Robles quert keine Straße die bis zu 50 Kilometer breite Wildnis des Küstengebirges. Gefährdete Tierarten wie der Kalifornische Kondor oder Wanderfalken konnten hier überleben, auch Steinadler kreisen zuweilen hoch in den Lüften. An einigen versteckten und wenigen öffentlich zugänglichen Stränden sind die lange gnadenlos gejagten, bis zu 4,50 Meter großen und eine Tonne schweren See-Elefanten zu Hause. Die gewaltige Robbenart lebt einige Monate lang in Kolonien, um sich zu paaren, die Jungen zur Welt zu bringen und aufzuziehen. Danach trennen sie sich wieder. Bei Piedras Blancas nördlich von San Simeon ist der Strand dicht mit Seelöwen bepackt. Hunderte dieser ebenfalls nicht gerade kleinen Robben liegen hier im Sand, bestens von einem Aussichtspunkt am Highway zu beobachten.

Von hier sind es nur wenige Kilometer zum Zauberberg, dem „enchanted hill" des einstigen Pressemagnaten Hearst – Erfinder des Sensationsjournalismus und Vorbild für Orson Welles Filmklas-

Die Mission Santa Barbara gilt als schönste der Missionskirchen

Dem römischen Meeresgott Neptun ist dieser Pool auf Hearst Castle gewidmet, das gern auch als „kalifornisches Neuschwanstein" bezeichnet wird

Special CAMINO REAL

Im Auftrag des Herrn

Der Weg des Königs, Camino Real, zieht sich von der Grenze zu Mexiko im Süden fast 1000 Kilometer bis San Francisco.

Um das Kolonialreich in Mexiko abzusichern und weiträumig gegen Interessen anderer europäischer Mächte zu schützen, ließ der spanische König zwischen 1769 und 1823 von San Diego bis Sonoma von Franziskanermönchen unter Leitung von Pater Junípero Serra 21 Missionskirchen errichten, jeweils etwa eine Tagesreise voneinander entfernt. Vier in größeren Abständen angelegte Festungen, Presidios, beherbergten zudem einige hundert Soldaten, um die spanischen Ansprüche militärisch zu bekräftigen. Gemüsegärten, Obstplantagen und Viehhaltung sollten die Missionsstationen mit Lebensmitteln versorgen. Zum Christentum bekehrte Indianer besorgten die Landarbeit. In Friedhöfen hinter vielen Missionskirchen liegen die Überreste vieler Tausender von ihnen. Sie fielen den von Europäern eingeschleppten Krankheiten zum Opfer. Nach dem Sieg der Revolution in Mexiko und der Annexion Kaliforniens durch die USA Mitte des 19. Jahrhunderts verfielen viele der Gotteshäuser. Erst spät besann man sich in Kalifornien auf dieses historische Erbe. Dank vieler Einwanderer aus Mexiko führen inzwischen einige Missionskirchen als Mittelpunkte aktiver katholischer Gemeinden ein zweites Leben.

Im La Purisima Mission State Historic Park

siker „Citizen Kane". Das Haupthaus der leicht überdimensionierten Schlossanlage mit 37 Schlafzimmern, die drei Gästehäuser und Gebäude der früheren Ranch seiner Eltern, die sich einst 60 Kilometer entlang der Küste ausdehnte, haben viele illustre Gäste gesehen. Charlie Chaplin war darunter, Winston Churchill, Greta Garbo und Clark Gable.

DAS REFUGIUM DES ZEITUNGSZARS CITIZEN HEARST

Das Casa Grande ist der Giralda, dem Turm der Kathedrale im spanischen Sevilla nachempfunden, das Neptune-Bad gleicht einem griechisch-römischen Tempel. An den Wänden der Prunkräume hängen belgische Gobelins, die Kassettendecken stammen aus italienischen Palazzi. Kamine der Renaissancezeit wurden aus verschiedenen Regionen Europas hierher geschafft. Auf Tischen mit handgeschnitzten Verzierungen stehen silberne Kandelaber aus barocker Zeit. Flure sind mit römischen Sarkophagen dekoriert. Das Auge hat keine Chance zum ruhigen Verweilen. Viele der auf der ganzen Welt zusammengekauften Schätze dieser eklektischen und manchmal etwas kurios anmutenden Kunstsammlung konnten in dem Riesenbau nicht einmal untergebracht werden, lagern irgendwo zwischen oder wurden Museen zur Verfügung gestellt.

Am 17-Mile Drive, einem zwischen Pebble Beach und dem Del Monte Forest verlaufenden, die Halbinsel von Monterey umrundenden Abschnitt des Highway 1, wacht eine vom Wind reichlich zerzauste einsame Zypresse über dem Pazifik – seit mehr als 250 Jahren

Der Pesadero Point am 17-Mile-Drive: ein Ort für Sonnenuntergänge

Kalte Meeresströmungen sorgen für die häufig auftretenden Nebel – hier in der Moro Bay (ganz oben; oben ein sich offenbar recht wohlfühlender Seeotter in der Monterey Bay)

Auf rund 400 Millionen Dollar werden die Kosten des 1919 begonnenen und 28 Jahre dauernden Baus nach heutigen Preisen geschätzt. Als Ausgleich für hohe Steuerschulden kam das fantastische Anwesen fünf Jahre nach dem Tod des 88-jährigen Medienzaren 1951 an den Bundesstaat Kalifornien. So können sich jetzt rund eine Million Besucher pro Jahr einen Eindruck vom Lebensstil und Kunstgeschmack des einstigen Milliardärs machen, der sein Leben lang auf der Jagd nach neuen Methoden gewesen war, Nachrichten zu vermitteln und zu verkaufen – so gehörte Hearst natürlich zu den ersten Besitzern eines Fernsehapparats in den USA.

WUNDERBARE NATUR VOR DEN TOREN DER MEGALOPOLIS

Die Channel Islands vor der Küste von Santa Barbara sind ein besonderes Fleckchen Erde. Als Nationalpark unter Schutz und bis auf einige Ranger und Camper unbewohnt, hat sich die Natur wieder erholt, nachdem frühe Siedler und Pelzjäger die Wälder gerodet und Seelöwen und Robben stark dezimiert hatten. Wilder Lotus und rund siebzig weitere Pflanzenarten leben nur hier, auch der scheue graubraune Inselfuchs, eine handlange Nachtechse und der Kalifornische Pelikan fühlen sich mit Abertausenden Seevögeln auf den menschenleeren Eilanden wohl. Da hier eine kalte Meeresströmung von Norden mit einer warmen von Süden zusammentrifft, konnte sich auch unter der Wasseroberfläche eine einzigartige Flora und Fauna entwickeln. In den unterseeischen Tangwäldern leben der bis zu zwei Meter große Kalifornische Judenfisch, ein Zackenbarsch, die über einen halben Meter groß werdende rotgraue Kalifornische Languste und der Sonnenstern, der mit seinen vielen gelbroten Armen fast einen Meter Durchmesser erreichen kann. Schwer vorzustellen, dass nur wenige Dutzend Kilometer weiter im Osten Santa Monica und die Küste der Millionenmetropole Los Angeles beginnt.

BASEBALL

An All American Sport

Mickey Hatcher ist Trainer beim Baseball-Team der Los Angeles Angels of Anaheim – nach einer langen Karriere als Profi-Baseballspieler. Wie geht es zu bei der amerikanischsten aller Sportarten?

Michael „Mickey" Vaughn Hatcher stammt aus Cleveland, Ohio, und ist in Arizona aufgewachsen. Er war nach dem College als junger Spieler der Minor League in Iowa, Texas und in New Mexico, spielte dann zwölf Jahre bei den Dodgers in Los Angeles und danach bei den Angels. Seit dem Ende seiner Spielerkarriere arbeitet er als Coach, erst in Los Angeles und Albuquerque und nun bei den Angels in Anaheim. Mickey ist verheiratet und hat zwei Kinder. Seine Familie lebt in Arizona.

Mickey Hatcher kommt mir lachend entgegen. Auf der knallroten Kappe, die er zum Schutz vor der Sonne tief in die Stirn gezogen hat, prangt ein großes rotes „A". Um dessen Spitze schwebt ein Heiligenschein. Mickey ist Trainer bei den „Angels", einem Baseball-Profiteam aus Anaheim bei Los Angeles. Heute geht es im heimischen Stadion, dem Angels Ballpark, gegen die Mariners aus Seattle. Schon drei Stunden vor dem Spiel am Sonntagnachmittag drängen sich vor dem Stadion Tausende Fans. Junge, Alte und ganze Familien im Angels-Outfit strömen durch den Haupteingang. Rechts und links davon zeigen zwei riesige Metallskulpturen von überdimensionalen Baseballkappen mit dem Clublogo, wer hier zu Hause ist.

Du scheinst gute Laune zu haben, rechnest du heute mit einem Sieg? Ich hoffe schon. Einige der Spieler, die verletzt waren, kommen langsam wieder auf Spur. Warten wir mal ab, aber ich habe ein gutes Gefühl.

Wie lässt sich deine Aufgabe bei den Angels beschreiben? Ich bin der Hitting Coach der Profimannschaft. Wir sind sieben Trainer, jeder ist für einen anderen Bereich zuständig, unser Teammanager heißt Mike Scioscia, auch ein erfolgreicher früherer Spieler und seit mehr als zehn Jahren Trainer. Ich selbst trainiere die Schlagtechniken und bereite mich mit den Spielern für jedes Spiel gründlich vor. Es geht darum,

TPX
43

Der Pitcher wirft den Ball zum Batter im rechteckig umrandeten Feld

Nach dem gelungenen Strike wird der Schlagmann zum Läufer.

für jedes Match eine spezielle Einstellung zu vermitteln.

Hast du über jeden gegnerischen Schlagmann Aufzeichnungen? Ich habe Aufzeichnungen über viele Spieler der gegnerischen Mannschaften und weiß, welche Tricks die drauf haben. Und dann haben wir ein umfangreiches Archiv mit Bild- und Videomaterial. Unsere Datei mit Spielerinformationen unserer eigenen und der anderen Mannschaften ist phänomenal. Alle Stärken und Schwächen, dazu Statistiken, Punkte, Runs, Catches, medizinische Daten und Biografisches von Spielern sind hier verzeichnet. Unsere vielen Kameras im Stadion erfassen alle Spielsituationen. Wenn Jeff, unser Technikzauberer, die richtigen Knöpfe drückt, kann er ein Spiel ganz allein auf einen Spieler fokussiert darstellen. So können sich unsere Schlagmänner ein genaues Bild von dem machen, was sie erwartet. Ein gegnerischer Pitcher gibt dem Ball vielleicht einen speziellen Drall, während ein anderer versucht, den Schläger mit besonderen Mätzchen aus der Ruhe zu bringen.

Wie sieht euer Spielplan aus? Im März bereitet sich das gesamte Team in unserem Trainingscamp im Tempe Diablo Stadion von Arizona auf die Saison vor. Dazu gehören auch diverse Trainingsspiele gegen andere Profiteams. Die Baseball-Saison geht von Anfang April bis Ende September. Wir spielen dann gegen die anderen Teams der American League. Parallel gibt es noch die National League. Wir kommen so auf 160 Ligaspiele in 183 Tagen. Die besten beider Ligen spielen dann in einer Endrunde die Meisterschaft aus. Zu den Spielen kommen die Reisen. In einer Saison legen wir etwa 70 000 Kilometer zurück.

Familienleben wird während der Saison sicher klein geschrieben, oder? Genau, meine Frau und die beiden Jungs leben in Arizona. Ich sehe sie während der Saison nicht so häufig. Wir sind eben sehr viel unterwegs und haben selten freie Tage. Dafür gibt es dann eine längere Winterpause. Aber wer mit Baseball aufgewachsen ist, kennt das. Für den wird es nach einiger Zeit normal.

Im letzten Inning fängt die Second Base der Angels den Ball der Mariners im Outfield ab. Das Spiel ist vorbei. Die Angels haben 6:1 gewonnen. Mickey Hatcher im Bullpen ist aufgesprungen und empfängt die siegreichen Spieler. Um mich herum Jubel und zufriedene Gesichter. Das Stadion leert sich schnell.

GEWUSST WIE

***Zwei Mannschaften mit je neun Spielern** treten gegeneinander an. **Ziel des Spiels** ist es, mit dem Baseballschläger den von dem Werfer (**Pitcher**) der gegnerischen (Feld-) Mannschaft geworfenen Ball durch den Schlagmann (**Batter**) so gut zu treffen und kontrolliert wegzuschlagen (**Strike**), dass die eigenen Spieler nacheinander drei markierte Male (**Bases**) auf dem Feld und den Ausgangspunkt (**Home Plate**) erlaufen können und damit einen Punkt (**Run**) erzielen.*
***Nach dem Schlag** wird der Batter zum Läufer (**Runner**) und versucht, mindestens die erste Base zu erreichen. Die verteidigende und auf dem Feld verteilte Mannschaft ist dagegen bemüht, den geschlagenen Ball schnell zu fangen, bevor der gegnerische Spieler ein sicheres Mal erreicht hat. Gelingt dies, ist dieser aus dem Rennen (**out**). Wird der dritte Spieler in Folge so „out" gemacht, wechselt die defensive Mannschaft in die Offensive und kann jetzt selbst Punkte erzielen.*
***Ein Spiel besteht aus neun Spielabschnitten (Innings)**, in dem beide Mannschaften jeweils einmal in der Offensive und in der Defensive gespielt haben.*

ANAHEIM
2

Vallejo
Novato
Benicia
Pittsburgh
Collinsville
Rio Vista
Lodi
Stockton
Linden
Bellota
Angels Camp
Douglas Flat
Columbia
Sonora
Long Barn
Tuolumne
Tuttle Town
Farmington
Manteca
Escalon
Oakdale
Keystone
Groveland
Nevada
Mono Lake
Lee Vining
Mt. Dana 3979
Yosemite Nat. Park
Yosemite Village
June Lake
Deadman Summit
Mt. Ritter 4010
Benton
White Mts.
L. Crowley
Devils Postpile Nat. Mon.
Mono Pass (3931)
Boundary Pk.
Bishop
Richmond
S. Anselmo
S. Pablo B.
El Cerrito
CONCORD
Walnut
Sausalito
BERKELEY
Golden Gate Bridge
SAN FRANCISCO
OAKLAND
Daly City
Pacifica
Tracy
Vernalis
Riverbank
Empire
MODESTO
La Grange
Coulterville
El Portal
Midpines
Mt. Bullion
Mariposa
Fish Camp
Hayward
Livermore
San Mateo
Union City
FREMONT
Half Moon Bay
Redwood City
Palo Alto
SUNNYVALE
Milpitas
SAN JOSE
San Gregorio
Pescadero
Cupertino
Saratoga
Los Gatos
Boulder Creek
Año Nuevo Pt.
Davenport
Santa Cruz
Aptos
Morgan Hill
Gilroy
Freedom
Watsonville
Monterey Bay
Hollister
Diablo Range
San Joaquin Valley
Sierra Nevada
Turlock
Snelling
Patterson
Newman
Stevinson
Atwater
Merced
Planada
Ahwahnee
Oakhurst
San Luis N.W.R.
Chowchilla
Los Banos
Berenda
Madera
Ora Loma
Firebaugh
Mendota
Friant
Clovis
FRESNO
Calwa
Sanger
Reedley
Pine Ridge
Tollhouse
Lakeshore
Pine Flat Res.
Kings Canyon Nat. Park
Kearsarge Pass (3604)
Pinehurst
Orange Cove
Orosi
Dinuba
Selma
Kingsburg
Mt. Whitney 4418
Giant Forest
Sequoia Nat. Park
Hammond
Woodlake
Three Rivers
Kaweah
Visalia
Exeter
Lindsay
Goshen
Hanford
Lemoore
Lemoore Naval Air Sta.
Riverdale
Five Points
Hardwick
Huron
Stratford
Tulare
Waukena
Corcoran
Tipton
Poplar
Porterville
Springville
Ponderosa 2508
Tule River Ind. Res.
Terra Bella
Ducor
Pine Flat
Fairview
Marina
Pacific Grove
Monterey
Carmel
Salinas
Gonzales
Soledad
Pinnacles Nat. Mon.
Greenfield
Three Rocks
San Benito Mtn. 1597
Pt. Sur
Big Sur
Santa Lucia Range
King City
San Lucas
San Ardo
Coalinga
Avenal
Kettleman Hills
Kettleman City
Tulare Lake Bed
Pixley Nat. Wildlife Ref.
Pixley
Allensworth
Kern Nat. Wildlife Ref.
Richgrove
Delano
Pond
McFarland
Wasco
Shafter
Oildale
BAKERSFIELD
Lucia
Fort Hunter Liggett Mil. Res.
Lockwood
Alder Pk.
Bradley
Parkfield
Castle Mt. 1324
L. San Antonio
Camp Roberts Military Res.
San Miguel
Cholame
Devils Den
Nacimiento Res.
Hearst San Simeon S.H.M.
San Simeon
Paso Robles
Templeton
Shandon
Temblor Range
Blackwells Corner
Lost Hills
Cambria
Atascadero
Creston
La Panza Range
Buttonwillow
Cayucos
Estero Bay
Morro Bay
Pozo Summit
Pozo
Simmler
Soda L.
Carrizo Plain Nat. Mon.
Mc Kittrick
Old River
Lamont
Arvin
Caliente
Keene
Tehachapi
Tehachapi Pass (1156)
Greenhorn Mts.
Kernville
Isabella Lake
Lake Isabella
Bodfish
Breckinridge Mt. 2299
Piute Peak 2571
Loraine
Glennville
San Luis Obispo
Pt. Buchon
Pismo Beach
Arroyo Grande
Nipomo
Painted Rock Ranch
Taft
Buena Vista L.
Maricopa
Wheeler Ridge
Tehachapi Mts.
Guadalupe
Santa Maria
Sisquoc
Peak Mtn. 1782
San Rafael Mts.
Cuyama
Grapevine
Frazier Park
Lebec
Gorman
Mt. Pinos 2692
Tejon Pass
Three Point
Lake Hughes
Vandenberg Air Force Base
Los Alamos
La Purisima Miss. S.H.P.
Big Pine Mtn. 2107
Surf
Lompoc
Santa Ynez
Solvang
L. Cachuma
Sta. Ynez Mts.
San Marcus Pass (665)
Pine Mtn. Summit
Reyes Cr. 2289
Pt. Arguello
Gaviota Pass
Gaviota
Pt. Conception
Gaviota Beach
Refugio Beach
Sta. Barbara
Montecito
Carpinteria Beach
Ojai
Sta. Paula
Piru
Castaic
The Oaks
Newhall
Fillmore
Oak View
Ventura
Simi Valley
Moorpark
OXNARD
Port Hueneme
Thousand Oaks
GLENDALE
Topanga
Hollywood
Santa Barbara Channel
San Miguel I.
Santa Rosa I.
Santa Cruz I.
Anacapa Is.
Sta. Monica Mts. Nat. Rec. Area
Pt. Dume Beach
Pt. Dume
Sta. Monica
LOS ANGELES
TORRANCE
Channel Islands National Park
Pt. Vicente
Channel Islands Nat. P.
Santa Barbara I.
Santa Catalina I.
San Nicolas I.
01
02
03
04
Maßstab 1:2.100.000
0
40 km

Kaliforniens beliebteste Küste

Der bekannteste Abschnitt des legendären Highway 1 zieht sich meist in Sichtweite des Pazifiks nach Süden, besonders spektakulär in Big Sur, dem Küstenstreifen zwischen Carmel und San Simeon. Weiter nördlich begrenzen Santa Cruz und Monterey die weite Monterey Bay, östlich davon liegt das Silicon Valley. Im Süden schließen sich das Weinanbaugebiet des Santa Ynez Valley und Santa Barbara, der Höhepunkt der „Amerikanischen Riviera", an.

01 SAN JOSE

Die „Hauptstadt des Silicon Valley" war 1849 kurzfristig sogar die Kapitale von ganz Kalifornien. Fast eine Million Menschen leben in der Wirtschaftsmetropole im Süden der San Francisco Bay, die damit San Francisco an Einwohnerzahl deutlich überflügelt hat. 1777 gründeten die Spanier das Pueblo San José, mit Rinderweiden und Ackerland zur Versorgung von San Francisco und Monterey. Auch wenn in der Region noch immer große Weingüter existieren, sind die Orte im Südwesten der Bay zwischen Palo Alto und San Jose heute weltweit eher als Ideenschmiede und Produktionsstätte für High-Tech-Produkte bekannt.

Sehenswert

Das **Winchester House** gehörte der Erbin des Waffenfabrikanten (525 South Winchester Boulevard, www.winchestermystery house. com; Mitte Juni–Aug. tgl. 9.00–19.00, sonst So.–Do. 9.00–17.00, Fr. und Sa. 9.00–19.00 Uhr). Im **Tech Museum of Innovation** werden Besucher zum Mitmachen aufgefordert. Experimente beschäftigen sich mit Naturwissenschaft und Computertechnik (Park Avenue/201 South Market Street, www.thetech.org; tgl. 10.00–17.00 Uhr).

Hotels und Restaurants

Cowper Inn ist ein gemütliches B&B in einer ruhigen Seitenstraße der Universitätsstadt (705 Cowper Street, Palo Alto CA 94301, Tel. 650/ 327 44 75, www.cowperinn.com; Zimmer ab 90 $), das **Moorpark Hotel** ein schickes Stadthotel im modernen Stil (4241 Moorpark Avenue, San Jose CA 95129, Tel. 408/864 03 00, www.jdv hotels.com/moorpark; Zimmer ab 109 $).
71 Saint Peter serviert kalifornische Küche mit frischen Produkten der Umgebung (71 North San Pedro Street, San Jose, Tel. 408/971 85 23, www.71saintpeter.com).

Umgebung

Die 1891 gegründete Stanford University in **Palo Alto** (nordw.) hat in der wissenschaftlichen Welt und bei den Unternehmen des benachbarten Silicon Valley einen erstklassigen Ruf. Die im neoromanischen Stil erbauten und von Efeu berankten Gebäude des Campus sind, ebenso wie die auf dem Gelände liegende Kunstsammlung des Center for Visual Arts, einen Besuch wert.

Ein Grizzly ziert seit 1911 Kaliforniens Flagge

Santa Clara, gleich westl. San Jose, ist Sitz vieler Computerunternehmen. Das Intel Museum zeichnet die Entwicklung der Mikroprozessoren anschaulich nach (2200 Mission College Boulevard, Intel Building, www.intel.com/museum; Mo.–Fr. 9.00–18.00, Sa. 10.00–17.00 Uhr). Das Gebäude der 1777 eingerichteten Mission Santa Clara de Asis, 1851 zu einer jesuitischen Hochschule umgewandelt, wurde im Stil der Bauten von 1825 restauriert (Universitätscampus, tgl. tagsüber).

Information

San Jose Convention and Visitors Bureau, 408 Almaden Boulevard, San Jose, CA 95110, Tel. 408/295 96 00, http://sanjose.org
Santa Clara - Silicon Valley Central Chamber of Commerce, 1850 Warburton Avenue, Santa Clara CA 95050, Tel. 408/244 96 60, www.santaclara.org

02 MONTEREY

Die zu Beginn des 17. Jh. gegründete zeitweilige Hauptstadt des spanischen und mexikanischen Kalifornien wurde später Walfangstation und Fischereihafen. John Steinbeck aus dem nahen Salinas schuf mit seinem Roman „Straße der Ölsardinen" ein drastisches Porträt der Fischverarbeitung am Hafen von Monterey. Konservenfabriken gibt es in der Cannery Row längst nicht mehr, dafür Restaurants und Andenkenläden, außerdem das schönste Meeresaquarium der amerikanischen Westküste. Carmel, mit seiner bestens erhaltenen spanischen Missionsstation und Villengrundstücken an der Pazifikküste, gilt als luxuriöses Refugium.

Sehenswert

Im **Monterey Bay Aquarium** ▶**TOPZIEL** zeigen über 6500 Meerestiere den Besuchern, wie es unter der Meeresoberfläche des Pazifiks aussieht (886 Cannery Row, www.montereybayaquarium.org; Mai–Sept. Mo.–Fr. 9.30–18.00, Sa., So. 9.30–20.00, sonst tgl. 10.00–17.00 Uhr). Im **Monterey State Historic Park** geben verschiedene öffentliche und private Gebäude einen Eindruck vom Leben zu spanischen Kolonialzeiten und in den ersten Jahren als US-Bundesstaat (20 Custom House Plaza; tgl. 10.00–16.00 Uhr). Die gut restaurierte **Mission San Carlos** in Carmel ist die letzte Ruhestätte des seliggesprochenen Mönchs Junípero Serra (1713–1784), der in den Neuen Welt 24 Missionsstationen und Klöster gegründet hat (3080 Rio Road, www.carmelmission.org; Mo. bis Sa. 9.00–17.00, So. 10.30–17.00 Uhr).

Hotels und Restaurants

Der **Old Monterey Inn** ist ein luxuriöses Bed & Breakfast am Ortsrand (500 Martin Street, Monterey CA 93940, Tel. 831/375 82 84, www.oldmontereyinn.com; Zimmer ab 280 $), das **Cypress Tree Inn** eine ordentliche Motelunterkunft (2227 North Fremont Street, Monterey CA 93940, Tel. 800/446 83 03, www.cypresstreeinn.com; Zimmer ab 55 $).
Stokes Restaurant & Bar bringt beste moderne amerikanische Küche in einem rustikalen Adobe-Haus auf den Tisch (500 Hartnell Street, Monterey, Tel. 831/373 11 10). **John Pisto's Whaling Station** ist ein schickes Steak- und Fischrestaurant nicht weit von der Cannery Row (763 Wave Street, Monterey, Tel. 831/373 37 78). **L'Auberge Carmel** serviert Fusion-Küche mit weltweiten Geschmacksanleihen auf hohem Niveau (Seventh Avenue & Monte Verde Street, Carmel, Tel. 831/ 624 85 78).

Veranstaltung

Weltweiten Ruf genießt das **Monterey Jazz Festival** (www.montereyjazzfestival.org, Sept.).

Umgebung

Jeder Besucher von **Santa Cruz** auf der gegenüberliegenden Buchtseite besucht den fast einen Kilometer langen Board Walk am Wasser;

hier gibt es Karussells, abenteuerliche Achterbahnen und andere Freizeitvergnügen. Die Hauptattraktion von **Salinas** östl. im Hinterland ist das National Steinbeck Center, das dem Leben und der Zeit des Literaturnobelpreisträgers (1902–1968) gewidmet ist. Eine vorzügliche Ausstellung zur Entwicklung der Landwirtschaft zeigt den gesellschaftlichen Hintergrund von „Früchte des Zorns" und anderen Werken des in Salinas geborenen Schriftstellers (1 Main Street, www.steinbeck.org; tgl. 10.00–17.00 Uhr). Höhlen und Cliffs der **Point Lobos State Reserve** südl. Carmel sind die Heimat von Robben, Seelöwen, Seeottern.

Information

Monterey County Convention & Visitors Bureau, 765 Wave Street, Monterey CA 93940, Tel. 831/6576400, www.seemonterey.com
Carmel Visitor Center, P.O. Box 4444 (San Carlos zwischen 5. und 6. Straße), Carmel CA 93921, Tel. 831/6242522, www.carmelcalifornia.org

03 BIG SUR

Die Küstenstraße, der Highway No. 1, windet sich von Carmel rund 150 km nach Süden. Dicht an den Fels geschmiegt, Täler mit eleganten Brückenbögen überwindend, immer mit Blick auf die felsige, raue Pazifikküste. Der Name entstand aus dem spanischen „Sur" für Süden und dem englischen „big" für groß bzw. großartig. Erst Ende der 1930er-Jahre sprengten und stemmten chinesischstämmige Bauarbeiter und Strafgefangene kalifornischer Gefängnisse die Straße ins Gestein. Die Natur mit den Ausläufern der Santa Lucia Mountains, schroffe Felsen und grüne Hänge, spielt noch immer die Hauptrolle in dem von weniger als 1500 Menschen dünn besiedelten Terrain.

Sehenswert

Rund 40 km südl. Carmel bietet sich am Highway 1 der **Pfeiffer Big Sur State Park** (tgl. tagsüber geöffnet) für schöne Wanderungen zu Redwood-Hainen und Wasserfällen an. Wer sich für amerikanische Literatur interessiert, kann 8 km weiter südl. bei der **Henry Miller Memorial Library** einen weiteren Stopp einlegen; der wegen seiner Freizügigkeit lange umstrittene Schriftsteller (1891–1980) hat viele Jahre in Big Sur gelebt und gearbeitet (www.henrymiller.org; Juni–Okt. Mi.–Mo., sonst Do.–So. 11.00–18.00 Uhr).

Das **Hearst Castle** bei San Simeon liegt schon ganz im Süden von Big Sur. Verschiedene Führungen erläutern die Kunstsammlungen und Bauten, die der Zeitungstycoon William Randolph Hearst in der ersten Hälfte des 20. Jh. errichten ließ (750 Hearst Castle Road, www.hearstcastle.org; Führungen März–Sept. tgl. 8.20 und 16.00 sowie Evening Tour, sonst Mo.–Fr. 9.00–17.00, So. 9.00–15.00 Uhr).

Hotels und Restaurants

Eine urige Unterkunft in alten Hütten und ein beliebtes kleines Restaurant ist **Deetjen's Big Sur Inn** (48865 Highway 1, 5 km südl. vom Pfeiffer Big Sur State Park, Big Sur CA 93920, Tel. 831/6672377, www.deetjens.com; Zimmer ab 60 $). **Post Ranch Inn**, etwas südl. vom Pfeiffer Big Sur, ist eine luxuriöse Herberge 400 m über dem Meer mit bestem Restaurant (Highway 1, P.O. Box 219, Big Sur CA 93920, Tel. 831/6672200, www.postranchinn.com; Cottages ab 400 $), **Adelaide Inn** eine gepflegte Herberge in einem Blumengarten abseits der Küste (1215 Isabel Avenue, Paso Robles CA 93446, Tel. 800/5497276, www.adelaideinn.com; Zimmer ab 75 $). **Cielo** im Ventana Inn Resort, etwas südl. vom Pfeiffer Big Sur, bietet Essen mit Panoramablick auf den Pazifik (Tel. 831/6674242). Die **French Corner Bakery** serviert kräftigen Kaffee und frische Gebäckstückchen morgens, mittags eine warme Quiche und alles nicht weit südl. vom Hearst Castle (2214 Main Street, Cambria, Tel. 805/9278227).

Information

Big Sur Chamber of Commerce, P.O. Box 87, Big Sur CA 93920, Tel. 831/6672100, www.bigsurcalifornia.org
Visitors & Conference Bureau, San Luis Obispo County, 811 El Capitan Way, Suite 200, San Luis Obispo CA 93401, Tel. 916/9721650, www.slocounty.ca.gov

Tipp

Besichtigung am Abend

Die Dämmerungstour zum **Hearst Castle** hat schon etwas Besonderes, wenn man aus dem Salon des einstigen Pressezaren der im Pazifik versinkenden Sonne zuschauen kann. Darsteller, in Abendgarderobe der 1920er-Jahre um den Neptune Pool gruppiert, geben einen Eindruck davon, wie es wohl damals auf Empfängen ausgesehen haben mag.

Hearst San Simeon State Historical Monument, Touren starten beim Hearst Castle Visitor Center, Reservierung und Infos Tel. 805/9272020 und www.hearstcastle.com

Kalifonische Unterwasserwälder – hier im Aquarium

04 SANTA BARBARA

Die Hauptstadt des gleichnamigen County mit 92 000 Einw. wurde 1786 am Barbaratag als „zehnte Perle" gegründet. Trotz großer Zerstörungen beim Erdbeben 1925 zeigt sich die Architektur in spanischem Kolonial- und mediterranem Stil mit roten Schindeldächern, einer restaurierten spanischen Befestigungsanlage und der „Königin der Missionskirchen". Dazu gepflegte Unterkünfte und eine weithin bekannte kulinarische Szene, zahlreiche Sandstrände am Pazifik, edle Weine gleich hinter den Santa Ynez Mountains. Nicht weit vor der Küste ist eine Kette von Inseln auszumachen, als Channel Islands National Park geschützt. Santa Barbara und seine Umgebung – wegen seines fast mediterranen Klimas „Amerikanische Riviera" genannt – gehören zu den beliebtesten Ausflugs- und Urlaubszielen zwischen San Francisco und Los Angeles und zu den teuersten Wohngegenden der Vereinigten Staaten.

Sehenswert/Museum

Mission Santa Barbara gilt als eine der schönsten spanischen Missionskirchen (East Olivos Street/Laguna Street; tgl. 9.00–17.00 Uhr). Auch **El Presidio** (1782), als State Historic Park restauriert, stammt aus der spanischen Kolonialzeit (East Canon Perdido Street/Santa Barbara Street; tgl. 10.30–16.30 Uhr). Das dekorative **County Court House** wurde erst in den 1920er-Jahren im spanisch-orientalischen Stil errichtet (1100 Anacapa Street; Mo.–Fr. 8.00–16.45, Sa. und So. 10.00–16.45 Uhr).
Das **Art Museum** zeigt europäische Meister und amerikanische Künstler (1130 State Street, www. sbmuseart.org; Di.–So. 11.00–17.00 Uhr).

Hotels und Restaurants

Das **Motel 6** ist eine ordentliche, sehr günstige Herberge nicht weit vom Strand (443 Corona Del Mar, Santa Barbara CA 93101, Tel. 805/564 13 92, www.motel6.com; Zimmer ab 70 $), der **Simpson House Inn** ein elegantes B&B in einem Blumengarten (121 East Arrellaga Street, Santa Barbara CA 93101, Tel. 800/676 12 80, www.simpsonhouseinn.com; Zimmer ab 145 $).
Exzellent zubereiteter frischer Fisch und Krustentiere, meist mit japanischer Note, und beste Sushi sind Spezialität des **Arigato** (1225 State Street, Santa Barbara, Tel. 805/965 60 74). Unscheinbar von außen, gibt es im **La Super-Rica Taqueria** die besten Tacos weit und breit (622 North Milpas Street, Tel. 805/963 49 40).

Information

Santa Barbara Conference & Visitors Bureau, 1601 Anacapa Street, Santa Barbara CA 93101, Tel. 805/966 92 22, www.santabarbaraca.com

Island Hopping im Pazifik

Die als Nationalpark geschützten Channel Islands vor der Pazifikküste bei Santa Barbara kann man vom Festland deutlich ausmachen. Auf den Inseln mit ihrer reichen Flora und Fauna leben keine Menschen. Die dürfen das Naturparadies jedoch erkunden, am besten per Seekajak.

Bei den Channel Islands treffen polare Meeresströmungen und die wärmeren Wasser des Südens aufeinander. Ergebnis ist eine ungewöhnlich reiche Unterwasserwelt mit Algenwäldern, Muscheln und Fischen. Auch Seehunde, Seelöwen und Delfine werden hier regelmäßig gesichtet.

Mit einem Seekajak lassen sich die unberührten Küsten der Inseln und die nur von Meeresseite erreichbaren Höhlen und Grotten besonders gut erkunden. Die National Park Ranger empfehlen dringend, sich einem der lizensierten „Outfitter" anzuvertrauen, die von Ventura oder Santa Barbara aus operieren und Strömungen, Gezeiten und Untiefen in den Gewässern gut kennen und die Kajakfahrer mit ihren Booten vom Festland zunächst zu den Inseln bringen. Eine gute sportliche Verfassung ist in jedem Fall Voraussetzung für den Naturtrip. Übernachtungsmöglichkeiten sind auf schlichte Campingplätze beschränkt. Trinkwasser gibt es nur auf Santa Cruz und Santa Rosa. Auf den Inseln dürfen keine Abfälle zurückgelassen werden. Die Region rund um Scorpion Beach vor der Ostküste von Santa Cruz Island gehört wegen des Strandes, der spektakuären Felsenküste sowie mehrerer Höhlen und Grotten zu den beliebtesten Kajakrevieren.

(K)ein knallgelbes Gummiboot

WEITERE INFORMATIONEN

Paddle Sports of Santa Barbara (Tel. 805/899 49 25, ***www.kayaksb.com***) oder **Aquasports** in Ventura (Tel. 805/968 72 31, ***www.islandkayaking.com***) bieten ein- und mehrtägige Seekajak-Touren an, die Transfer, Ausrüstung und eine Einweisung einschließen. Mehrtägige Trips beinhalten Camping-Übernachtungen auf Santa Rosa Island. Ein Tagestrip kostet ca. 180 $, Mehrtagestouren zwischen 280–350 $.
Allgemeine Informationen bietet auch der Channel Islands National Park auf seiner Webseite ***www.nps.gov/chis.***

Hell und Dunkel

Munteres Strandleben und Verkehrsinfarkt auf den Stadtautobahnen. Designerlabel am Rodeo Drive und Not in Armenvierteln. Lebensfreude in Disneyland und nächtliche Schießereien zwischen Jugendlichen. Meisterwerke in Kunsttempeln und Obdachlose in Hauseingängen. In Los Angeles, einem zusammengewachsenen urbanen Flickenteppich, liegen Hell und Dunkel oftmals unmittelbar nebeneinander.

Form follows function? – Nicht immer: Die Architektur des Los Angeles International Airport (LAX) schiebt sich gehörig in den Vordergrund

Downtown Los Angeles strebt nach oben: die Türme an der Grand Avenue

Spektakulär verschachtelt: Frank O. Gehrys
Walt Disney Concert Hall

Heut' geh'n wir ins Roxy – am Sunset Strip

Maria in der Stadt der Engel: Cathedral of Our Lady of the Angels

Noch vor Kurzem erschien es kaum denkbar, dass Los Angeles, und vor allem sein Zentrum, Kulturliebhaber von nah und fern anziehen könnte. Lange Jahre galt die City als kulturelles Ödland, beherrscht von einigen Wolkenkratzern der Finanzwelt und umgeben von einem urbanen Flickenteppich auseinanderstrebender Trabantenstädte. Klar, die städtische Oper befand sich dort, einige größere Theater und das städtische Symphonieorchester. Doch kulturbeflissene Angeleños flogen nach San Francisco oder sogar nach New York, um die angesagten Theateraufführungen oder interessante Museumsausstellungen zu besuchen. Wer umgekehrt nach Los Angeles reiste, er-wartete keine kulturellen Höhenflüge, sondern eher Vergnügungsparks und Kitsch oder Sonne und Sand an den Stränden des Pazifiks. Und natürlich die Glitzerwelt der Filmindustrie von Hollywood.

KUNST IST IM KOMMEN

Für viele Kunstinteressierte der Stadt symbolisierte die Eröffnung der Walt Disney Concert Hall in Downtown LA Ende 2003, dass eine anspruchsvolle lebendige Kunstszene und Los Angeles keine unüberbrückbaren Gegensätze mehr darstellen müssen. Eine Skulptur, ein Bild vom kontrollierten Chaos wollte er mit der Musikhalle schaffen, so der Architekt Frank O. Gehry, der mit seinen Bauten weltweit Aufsehen erregt. Gleichzeitig sollte die gewagte Konstruktion ein Wohnzimmer für die Bewohner von Los Angeles werden, das sie besuchen, um gute Musik zu hören. Die spektakuläre Konzerthalle mit ihren weichen Kurven und futuristischen Zinnen aus rostfreiem Stahl wirkt wie ein Katalysator zur Wiederbelebung der City. Kurze Wege verlocken zu Spaziergängen – eine Revolution im autofixierten LA. Von der Disney Concert Hall ist es nur einen Katzensprung schräg über die South Grand Avenue zum MOCA, dem Museum of Contemporary Art,

Der berühmteste Schriftzug der Welt sollte ursprünglich, um vier Buchstaben zu „Hollywoodland" erweitert, für den Kauf von Immobilien werben, ist aber längst zu einem Synonym für die Filmindustrie geworden. Die Buchstaben selbst stehen schon lange unter Denkmalschutz, für ihre Restaurierung haben Stars wie der eigentlich gar nicht filmverdächtige Gruselrocker Alice Cooper viel Geld gesponsort, und seit im Jahr 2010 der Playboygründer Hugh Hefner durch eine großzügige Spende sicherstellte, dass auch das umliegende Land nicht bebaut werden darf, ist eine unverstellte Zukunft des Wahrzeichens sozusagen „in trockenen Tüchern". Auch dass der gern im seidenen (Morgenmantel-)Tuch vor die Kameras tretende Bunnychef bei dieser Gelegenheit den von ihm nostalgisch verehrten Schriftzug als „Eiffelturm Hollywoods" bezeichnete, soll an dieser Stelle nicht unerwähnt bleiben …

Dance for Fame am Walk of Fame

und seinen Galerien mit Werken von Pollock, de Kooning und Rauschenberg. Das braunrote Sandsteingebäude mit seinen klaren, geraden Linien markiert einen Kontrapunkt zur kurvig silbrigen Stahlkonstruktion der neuen Konzerthalle.

GOD'S OWN COUNTRY

In Zeiten, die in Europa von Kirchenaustritten und sinkenden Besucherzahlen bei Gottesdiensten geprägt sind, scheint der Neubau eines Gotteshauses bemerkenswert. Und wer die nicht weit von der Disney Concert Hall entfernte ultramoderne Cathedral of Our Lady of the Angels der Erzdiözese von Los An-

Special ACADEMY AWARD

And the Oscar ...

... goes to: Seit 1929 werden in Hollywood die Oscars für die besten Filme des zurückliegenden Jahres vergeben.

Gewinner in zwei Dutzend Kategorien halten dann die begehrte, 35 Zentimeter große, vergoldete Statuette in ihren Händen. „Oscar" heißt sie, weil Margaret Herrick, einst Geschäftsführerin der „Academy", bei ihrem Anblick ausgerufen haben soll: „Der sieht ja aus wie mein Onkel Oscar." Aber auch mehrere Schauspieler und Produzenten wie Walt Disney und Bette Davis beanspruchten für sich, auf den Namen gekommen zu sein. Wie auch immer: Die pompös inszenierte Fernsehübertragung der glamourösen Feier im Kodak Theatre ist ein weltumspannendes Ereignis. Die erfolgreichsten Filme in der Geschichte der Verleihung waren mit je elf Oscars „Ben Hur" (1960), „Titanic" (1998) und der „Herr der Ringe: Die Rückkehr des Königs" (2004).

Freizeitspaß für die ganze Familie: in den Universal Studios

Marilyn darf nicht sterben: Wer es ins Waxmuseum am Hollywood Boulevard schafft, gehört zu den ganz Großen

Endstation Sehnsucht: die Stelzenhäuser an Malibus Pazifikstrand

Stilsicher: Cruisen am Sunset Boulevard

Mickey wird ganz blümerant zumute: Disneyheld in Disneyland

Special WASSERWIRTSCHAFT

Tropfen für Tropfen

Wer die karge Mojave-Wüste auf der Interstate 395 gen Norden verlässt, der erreicht bald das Owens Valley. Noch vor rund 100 Jahren breitete sich hier auf 260 Quadratkilometern der Owens Lake aus. Heute wehen salzige Staubfahnen über den ausgetrockneten Grund.

Das Wasser ist längst auf den Gemüse- und Obstplantagen von Südkalifornien versickert und in den Wohnungen von Los Angeles verbraucht. Schon seit den 1870er-Jahren wurde das Wasser aus den Bergen in den durstigen Süden umgeleitet, um die Böden zu bewässern und die Bevölkerung zu versorgen. Ein System aus 300 Staudämmen und knapp 100 000 Kilometern künstlicher Wasserwege sorgt dafür, dass die Ernte nicht verdorrt, in den Wasserleitungen von Los Angeles der notwendige Druck herrscht und die Golfplätze der Desert Cities im Südosten weiterhin begrünt werden. Doch der verschwenderische Umgang, jahrzehntelanger Raubbau und mangelnde Investitionen in das Deich-, Pump- und Leitungssystem zeigen negative Folgen – mit dem Owens Lake als Mahnmal. Auch der Wasserpegel des Flussdeltas von Sacramento und San Joaquin sinkt. Ein milliardenschweres Programm soll helfen, Wasser zu sparen und das Leitungssystem effektiver zu gestalten. Ob es wieder nur beim guten Vorsatz bleibt, ist abzuwarten.

Künstlicher Wasserweg bis zum Horizont

geles durch die beiden mächtigen Bronzetüren betritt, ist erstaunt über die riesigen Ausmaße des über 30 Meter hohen Kirchenraums. Aber schließlich ist Los Angeles die drittgrößte „mexikanische“ Stadt, und die Mittelamerikaner sind ihrer Kirche traditionell stärker verbunden als nordischer geprägte Bevölkerungen. Von außen wirkt die vom spanischen Architekten José Raphael Moneo entworfene Kirche eher streng und wenig spektakulär; der wahre Reichtum der Kathedrale erschließt sich erst von innen. Gut 60 000 Tafeln aus transparentem Alabaster filtern das harte Sonnenlicht Südkaliforniens, Wandteppiche mit Motiven einer Prozession überlebensgroßer Kirchenväter schlagen eine kunstvolle Brücke von der modernen Kirchenarchitektur zu 2000 Jahren christlicher Geschichte.

VERGANGENER GLANZ

Die Stadt weiß, was sie der Traumfabrik zu verdanken hat, und sie putzt ihr Schaufenster, den Hollywood Boulevard, blank. Historische Hotels wie das „Roosevelt“ sind renoviert, Uraufführungskinos der 1920er-Jahre wie das „El Capitan“ erhielten ein Facelifting. Obdachlose, die einst in den Eingängen von Geschäften nächtigten, sind mit dem Neubau des Hollywood & Highland Complex, eines schicken Veranstal-

Freistil: Blader am Venice Beach

Freizeit: für Mensch und Tier in Santa Monica

Freigeist: Mens sana in corpore sano, oder so ähnlich, am Muscle Beach

Freiheit: Freeride am Huntington Beach

Erdölförderung jenseits des Piers: Nach der Katastrophe im Golf von Mexiko betrachtet man ein solches Bild mit ganz anderen Augen

„Hollywood ist der Ort, an dem man dir 1000 Dollar für einen Kuss bezahlt und 50 Cents für deine Seele.“

Marilyn Monroe

tungs- und Einkaufszentrums, aus dem direkten Blickfeld verdrängt worden. Auf der Bühne des Kodak Theatre werden jedes Jahres vor 3400 geladenen Zuschauern die begehrten Oscar-Trophäen verliehen.

SEHEN UND GESEHEN WERDEN

Eine Bühne sind auch die Strände der Metropole, die sich von Malibu im Norden, Huntigton Beach bis nach San Clemente ganz im Süden erstrecken. Hier wird gebadet und geschnorchelt, gesurft und gesegelt, gejoggt, geradelt und Beach-Volleyball gespielt. In Venice Beach ist den meisten der Boardwalk, die Promenade, sogar wichtiger als der breite Sandstrand wenige Meter weiter. Narzisstische Body-Builder stemmen im Open-Air-Fitness-Studio ihre Hanteln, Roller-Blader im hautengen Anzug zeichnen kunstvolle Figuren auf den Asphalt, gleich neben Feuerschluckern und einer Stepptanz-Formation. Am Boulevard der Eitelkeiten haben exzentrische Selbstdarsteller ihren Auftritt und finden ein dankbares Publikum, gesäumt von einer langen Reihe von Buden, an denen schrille T-Shirts, Sonnenbrillen und allerlei Schnickschnack verkauft werden.

MARKANTE ZEICHEN

Rund 100 Sprachen und Dialekte werden in Los Angeles gesprochen. Menschen aus aller Welt haben hier eine neue Heimat, einen Zufluchtsort oder zumindest einen Aufenthalt gefunden. Aus dem engen Nebeneinander kann zerstörerische Konfrontation, aber auch produktive Auseinandersetzung entstehen. In Los Angeles bestätigt sich beides, auch in Bereichen der Kunst. Etwa 1500 Murales, teils riesige Wandgemälde, in Santa Monica und anderen Teilen des Stadtgebiets erzählen in meist naiver, ausdrucksstarker Form von enttäuschten Hoffnungen, trotzigem Stolz, von privaten Wünschen und politischen Idealen, vor allem der mexikanischen Einwanderer. Tief im „problematischen“ Stadtviertel Watts hat der italienischstämmige Immigrant Simon Rodia ein markantes Zeichen gesetzt. Von 1921 bis 1955 bastelte er aus Zivilisationsmüll – Glasscherben, Kacheln, Eisenstreben, Bettgestellen – und rund 70000 Muscheln ein an die Bauten des katalanischen Jugendstils erinnerndes Monument mit acht bis zu 30 Meter hohen, filigranen Türmen. Danach verschwand der Fliesenleger aus dem Viertel. Seither gibt das jüngst komplett restaurierte und als State Historic Park eröffnete Denkmal Anlass zu unterschiedlicher Interpretation, zur Auseinandersetzung und zum Nachdenken. Mehr kann ein Künstler eigentlich von seinem Werk nicht erwarten.

Die Stadt der Engel als Kulturmetropole im 21. Jahrhundert

„Kunst wäscht den Staub des Alltags von der Seele", soll Picasso mal gesagt haben. „Staub des Alltags" hatte das wüstennahe L.A. immer schon eine ganze Menge, und wenn nicht nur Picasso, sondern auch Paul Klee recht hat, der meinte, Kunst müsse nicht das Sichtbare wiedergeben, sondern sichtbar machen, dann kann man für L.A. von einem glasklaren Kunstauftrag sprechen ...

Denn bislang war es – Hollywood hin oder her – eher nicht so, dass man bei Los Angeles an eine Kulturmetropole dachte. Was auch damit zu tun haben mag, dass der Metropole – nein, vielleicht nicht so sehr die Kultur, aber doch – ein Zentrum fehlte. Eher fühlte man sich beim abendlichen Anflug an einen Satz von Aldous Huxley erinnert: „Hundert Vororte auf der Suche nach einer City." Doch seit einigen Jahren befindet sich L.A. im Wandel. Wie ein beleuchteter Hügel ragen in der Mitte der endlos erscheinenden Stadtfläche einige Dutzend Wolkenkratzer in den Himmel. Zwischen den Hochhäusern glitzert die blank polierte Stahlkonstruktion der neuen Konzerthalle im letzten Tageslicht wie ein funkelnder Diamant- ein unwirklicher Anblick: Frank O. Gehrys wie eine Gebäudeskulptur mit fließenden Linien modellierte Walt Disney Concert Hall markiert für viele einen Wendepunkt in der Entwicklung von Downtown L.A. Konzertbesucher genießen auf den rund um die Bühne angeordneten 2265 Sitzen eine hervorragende

Walt Disney Concert Hall und L.A. County Museum: Es gibt viel zu sehen in der Stadt der Engel, auch jenseits von Strip, Stränden und herrlichen Sonnenuntergängen am Meer

Ob im Kunsttempel (links das Getty Museum) oder auf der Straße: L.A. ist (auch) ein (H)ort der Muse(e)n

Akustik. Für Musikliebhaber präsentiert zudem im Dorothy Chandler Pavilion, viele Jahre lang Schauplatz der Oscar-Preisverleihungen, die Los Angeles Opera ihre Kunst des Belcanto. Auch das Musiktheater gehört wie die Disney Concert Hall zum Komplex des Music Center von Los Angeles, zu dem auch noch das benachbarte Mark Taper Forum mit vielen zeitgenössischen Theaterproduktionen und das Ahmanson Theatre, in dem sich Tourneetheater und Musicals abwechseln, zählen. Und der – architektonische – Wandel hat – soziale – Folgen: Inzwischen ziehen sogar wieder Bewohner in die lange seelenlos erscheinende, nachts menschenleere City, in neu errichtete Wohnungen oder umgebaute Bürotürme. Geradezu als sensationell empfinden Angeleños, dass die ersten Supermärkte und andere Geschäfte in der City eröffnet haben, die sich allmählich zu einem echten, lebendigen Zentrum zu entwickeln scheint. Die Zeiten sind vorbei, in denen ein Komiker mit dem Witz, die einzig lebende Kultur in Los Angeles sei die im Joghurt, brüllende Lacher erzielen konnte. Denn inzwischen findet man einige der bedeutendsten Kunstsammlungen der USA eben genau hier in L.A.: Neben dem kurz „MOCA“ genannten Museum of Contemporary Art mit zeitgenössischer Kunst imponiert das riesige Los Angeles County Museum mit einer gigantischen Sammlung von mehr als 110000 Arbeiten, zu denen auch eine bedeutende Ausstellung deutscher Expressionisten gehört. Im 2008 eröffneten, von Renzo Piano entworfenen Neubau des Broad Contemporary Art Museum werden Arbeiten zeitgenössischer Künstler wie Richard Serra, Jeff Koons, Andy Warhol oder Jean-Michel Basquiat gezeigt. Das Getty Center, ein von Richard Meier gestalteter Komplex auf den Brentwood Hills, beherbergt neben Forschungseinrichtungen das Getty Museum: Skulpturen, Zeichnungen und Gemälde aus der Romanik, Gotik und Renaissance sowie eine Fotosammlung, die auch Schätze aus den Anfangstagen der Fotografie im 19. Jahrhundert erhält. Die Getty Villa in Malibu ist 2006 wieder eröffnet worden und zeigt im perfekten Ambiente einer nachgebauten römischen Villenanlage aus Herculaneum griechische, etruskische und römische Kunst. Da sage noch einer, L.A. habe keine (Kunst und) Kultur!

BUCHTIPPS

Henning Füller, Nadine Marquardt, ***Die Sicherstellung von Urbanität: Innerstädtische Restrukturierung und soziale Kontrolle in Downtown Los Angeles****, Westfälisches Dampfboot*

Birgit Lüke, ***Los Angeles im Film: Das Hollywoodkino zwischen Traum und Alptraum****, Vdm Verlag Dr. Müller*

Karin Mahle, ***Los Angeles: architecture & design****, teNeues*

Thomas Schuler, ***Boulevard der tausend Kulturen: Szenen aus Los Angeles****, Picus Verlag*

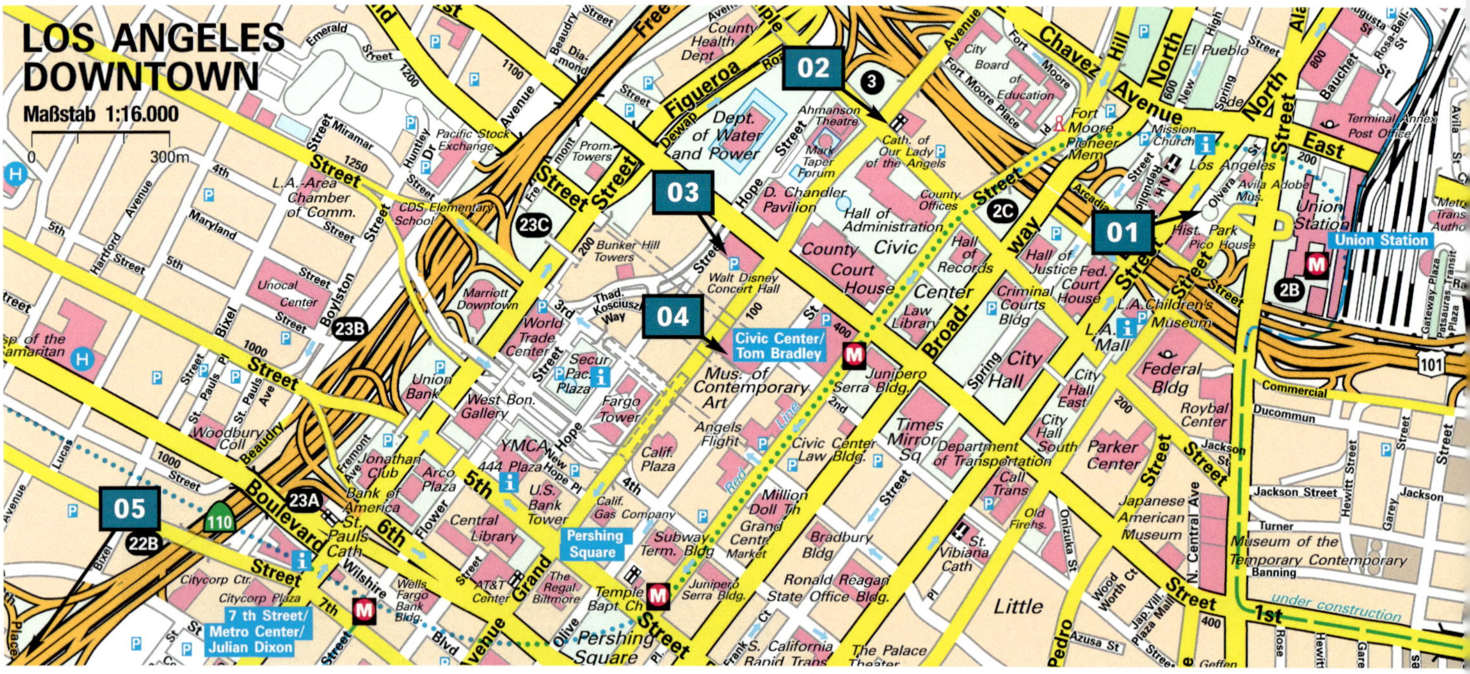

LOS ANGELES DOWNTOWN
Maßstab 1:16.000
0
300m
01
02
03
04
05
Union Station
Civic Center/ Tom Bradley
Pershing Square
7 th Street/ Metro Center/ Julian Dixon
Mus. of Contemporary Art
Walt Disney Concert Hall
Dept. of Water and Power
Civic Center
City Hall
Little
Museum of the Temporary Contemporary
under construction
Japanese American Museum
Central Library
Figueroa
Hill
North
Alameda
Broadway
Grand
Olive
Flower
Hope
Wilshire
Boulevard
110
101

Angeles National Forest
Santa Monica Mountains
Pacific Ocean
Santa Monica Bay
LOS ANGELES
DOWNTOWN
GLENDALE
PASADENA
SOUTH PASADENA
HOLLYWOOD
BEVERLY HILLS
CULVER CITY
SANTA MONICA
MALIBU
TOPANGA BEACH
INGLEWOOD
Los Angeles International Airport
VERNON
COMMERCE
SOUTH GATE
DOWNEY
HAWTHORNE
COMPTON
MANHATTAN BEACH
REDONDO BEACH
TORRANCE
CARSON
LOMITA
SAN PEDRO
LONG BEACH
LAKEWOOD
NORWALK
WHITTIER
LA MIRADA
ALHAMBRA
MONTEREY PARK
EL MONTE
ARCADIA
AZUSA
GLENDORA
COVINA
LA PUENTE
POMONA
Ontario
Upland
San Bernardino
Riverside
Corona
Yorba Linda
Fullerton
La Habra
Brea
Anaheim
Disneyland
Orange
Villa Park
Tustin
Santa Ana
Westminster
Cleveland National Forest
Chino Hills State Park
Topanga State Park
Pt Vicente
0 2 4 6 miles
0 2 4 6 8 10 km
06
07
08
09
12
13
14
15
16
17
18

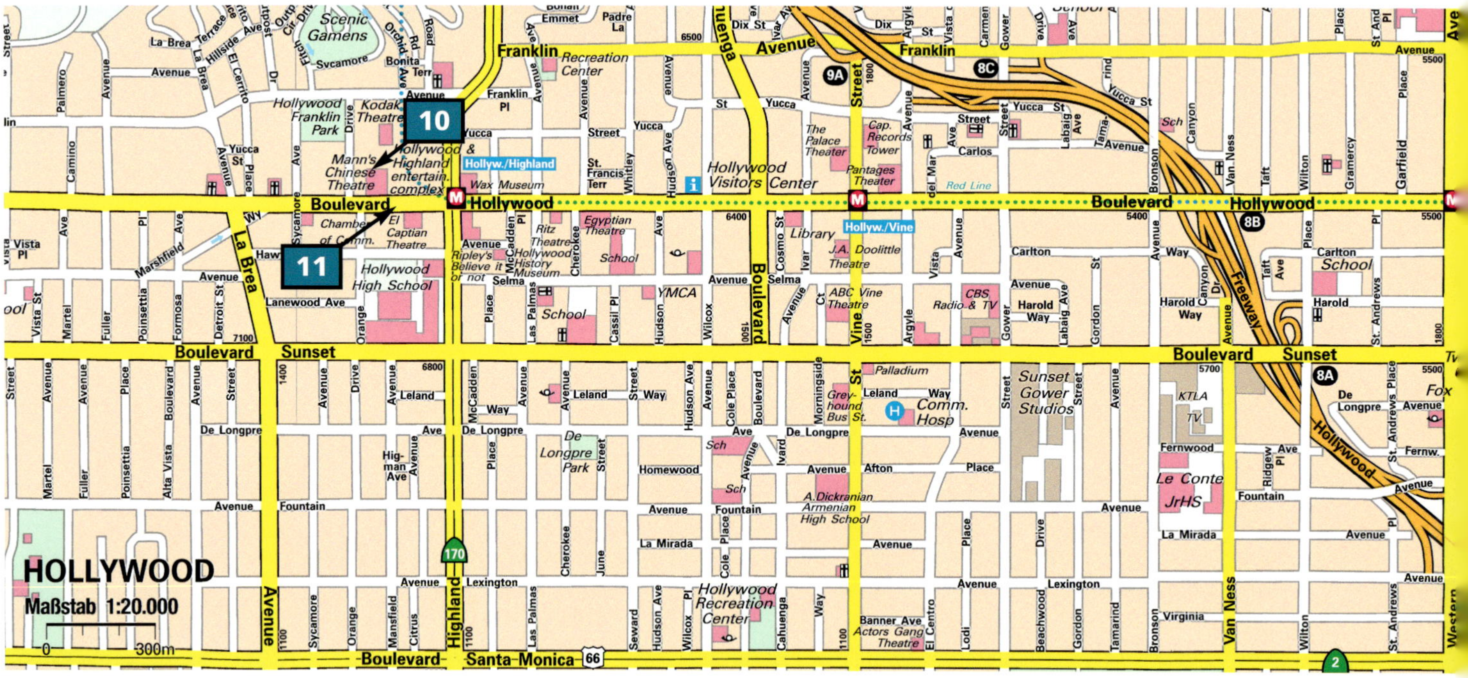

HOLLYWOOD
Maßstab 1:20.000
0
300m
10
11
Hollywood Boulevard
Sunset Boulevard
Santa Monica Boulevard
Franklin Avenue
La Brea Avenue
Highland Avenue
Vine Street
Van Ness
Western
Hollyw./Highland
Hollyw./Vine
Mann's Chinese Theatre
Hollywood & Highland entertain. complex
Hollywood Visitors Center
Cap. Records Tower
Hollywood High School
Sunset Gower Studios
Hollywood Recreation Center
Freeway

Multikultureller Riese

Los Angeles ist auch ein Ort scharfer Kontraste. Im Großraum der Metropole leben Menschen aus allen Ländern. Unvorstellbarer Reichtum und erschütternde Armut, Ruhe und Hektik, Zersiedelung mit zehnspurigen Stadtautobahnen und Naturidyllen liegen oftmals dicht nebeneinander.

01 – 09 LOS ANGELES

Los Angeles gehört zu den größten Ballungsräumen weltweit. Hier leben und arbeiten über 17 Mio. Menschen. Die gigantische Metropole ist mit dem Hafen San Pedro bedeutender Handelsplatz und Fischereistandort; Elektronik-, Luftfahrt- und Chemieindustrie produzieren hier, und seit 1897 wird in der Medienhochburg auch Erdöl gefördert. Als erster Europäer sah Juan Rodriguez Cabrillo die hiesige Küste. 1771 entstand die erste spanische Mission, von 1835 bis zur Annexion durch die USA (1848) war dies die Hauptstadt des mexikanischen Alta California. Rund um das eher undeutlich strukturierte Zentrum mit seinen Wolkenkratzern und der spektakulären Walt Disney Concert Hall gruppieren sich China Town, Little Tokyo und El Pueblo de Los Angeles. Im Osten erstreckt sich das Wohngebiet von rund 3 Mio. spanisch sprechenden Einwohnern, meist Einwanderern aus Mexiko und inzwischen größte Gruppe der Angeleños. Westlich von Downtown hat sich in den letzten Jahren das 150 000-köpfige Little Korea entwickelt. Zum Großraum L.A. gehören eigenständige Gemeinden wie Santa Monica, Bezirke wie Hollywood haben zumindest einen sehr eigenen Charakter. Der geografischen Ausdehnung entsprechend liegen die Sehenswürdigkeiten zum Teil sehr weit auseinander.

Sehenswert

In der **Olvera Street** und dem **01 El Pueblo des Los Angeles** mit restaurierten historischen Gebäuden aus dem 19. Jh. im mexikanischen Adobe-Stil (Sepulveda House, Visitor Center, 622 North Main Street; Mo.–Sa. 10.00–15.00 Uhr) geht es folkloristisch zu, mit Mariachi-Bands, mexikanischen Imbissen und Souvenirläden. Der benachbarte, im spanischen Stil errichtete Hauptbahnhof **Union Station** stammt aus den 1930er-Jahren. Südl. des Santa Ana Freeway erhebt sich die 2002 geweihte **02 Cathedral of Our Lady of the Angels**. Ein Block weiter glitzert seit 2003 die **03 Disney Concert Hall** (111 Grand Avenue, www.laphil.com; meist tgl. 10.00–14.00 Uhr, Audioguide) in Nachbarschaft zu den verschiedenen Bühnen des Music Center für Konzert und Theater. Ein Stückchen südlich von Downtown LA breitet sich der **05 Exposition Park** (außerhalb des Cityplans) aus. Das zugehörige **Coliseum Stadium** war bereits 1932 und 1984 Schauplatz der Olympischen Spiele. Neben dem **Natural History Museum** (900 Exposition Boulevard, www.nhm.org; tgl. 9.30–17.00 Uhr) lohnt im Park vor allem ein Besuch des **California Science Center** (700 State Drive, www.californiasciencecenter.org; tgl. 10.00–17.00 Uhr) mit spannenden naturwissenschaftlichen Darstellungen und Experimenten. Wenige Besucher verirren sich in den armen und heruntergekommenen Süden der Metropole. Dabei steht hier mit den **06 Watts Towers** (1765 East 107th Street; Mi.–Sa. 10.00–16.00, So. 12.00–16.00 Uhr) ein beeindruckendes Folk-Art-Monument.

Gaudí für arme: Watts Towers

Museen

Sammlungen zeitgenössischer Kunst und interessante Ausstellungen zeigt das **04 Museum of Contemporary Art** inmitten der Downtown-Wolkenkratzer (MOCA, 250 South Grand Avenue, www. moca-la.org; Mo., Fr. 11.00 17.00, Do. 11.00–20.00, Sa. und So. 11.00 bis 18.00 Uhr, Di., Mi. geschl.). Das **09 J. Paul Getty Museum** ▶TOPZIEL ist mit einer exquisiten Sammlung europäischer und amerikanischer Malerei, von Zeichnungen, Manuskripten und Plastiken Herz des Getty Centers (1200 Getty Center Drive, www.getty.edu; Di.–Fr. 10.00–17.30, Sa. bis 21.00, So. 10.00–17.30 Uhr), das wie eine postmoderne Tempelanlage einen Buckel der Brentwood Hills bedeckt; die antike Sammlung der wohl reichsten Kunststiftung der Welt ist in der **Getty Villa** in Malibu untergebracht. Auch das **07 Los Angeles County Museum of Art** (5905 Wilshire Boulevard, www.lacma.org; Mo., Di. und Do. 12.00 bis 20.00, Fr. 12.00–21.00, Sa. und So. 11.00–20.00 Uhr) gehört zu den großen Kunstmuseen der Welt, mit 150 000 Exponaten aller Kunstrichtungen und rund 30 jährlichen Wechselausstellungen. Nicht weit entfernt zeigen die **La Brea Tar Pits** mit dem angeschlossenen **07 Page Museum** (5801 Wilshire Boulevard, www.tarpits.org; tgl. 9.30–17.00 Uhr), wie einst eiszeitliche und prähistorische Tiere in blubbernden Teergruben verendeten. Das Museum präsentiert präparierte Skelettfunde u.a. von Säbelzahntigern und Mammuts. In der Nähe hat die Stadt mit dem **07 Petersen Automotive Museum** (6060 Wilshire Boulevard, www.petersen.org; Di.–So. 10.00–18.00 Uhr) dem beliebtesten Verkehrsmittel der Angeleños ein Denkmal gesetzt. Das **08 Museum of Tolerance** (9786 West Pico Boulevard, www.museumoftolerance.com; Führungen Mo.–Fr. 10.00 bis 17.00, So. 11.00–17.00 Uhr, Sa. geschl.) im Simon Wiesenthal Center prangert weltweit die Folgen von Intoleranz und Diskriminierung an; ein besonderer Schwergewicht liegt auf dem Holocaust in Europa.

Hotels und Restaurants

Das **Mondrian** bietet eleganten Luxus in West Hollywood (8440 Sunset Boulevard, Tel. 323/650 89 99, www.mondrianhotel.com; Zimmer ab 320 $). Das **Figueroa** ist ein angenehmes Haus in spanischem Stil, zentral zwischen Staples Center und Financial District (939 South Figueroa Street, Tel. 213/627 89 71, www.figueroahotel.com; Zimmer ab 110 $).
Barbara's at the Brewery bietet kalifornische Küche mit vielen Terrassenplätzen im Künstler-

Tipp

Blick ins Lichtermeer

Der Filmklassiker „Denn sie wissen nicht, was sie tun" mit James Dean hat das **Planetarium** weltweit berühmt gemacht. Nach Renovierung und Erweiterung werden wieder virtuelle Sternenfahrten angeboten. Doch in klaren Nächten ist der Blick von der mitten in dem mit 1620 ha größten kommunalen Park der USA gelegenen Aussichtsplattform auf das Lichtermeer von Los Angeles auch ohne Teleskop kaum zu schlagen.

Griffith Observatory, 2800 East Observatory Road (zwischen 134 Ventura und 101 Hollywood Freeway), Tel. 213/473 08 00, www.griffithobservatory.org

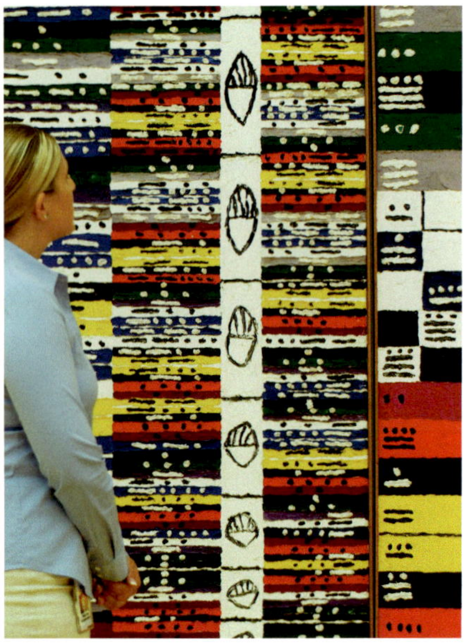
Modernes im Museum of Contemporary Art

viertel (620 Moulton Avenue, Downtown LA, Tel. 323/2219204), **Ciudad** eine kulinarische Reise durch Lateinamerika zu zivilen Preisen (445 South Figueroa Street, Downtown LA, Tel. 213/4865171). **The Standard** ist eine ultraschicke Bar auf der Dachterrasse des Downtown Hotel (550 South Flower Street, Downtown LA, Tel. 213/8928080).

Umgebung
Ein knapp zweistündiger Fährtrip von San Pedro oder Long Beach bringt Ausflügler nach **Catalina Island** 35 km vor der Küste von Los Angeles. Bis auf den Hauptort Avalon und die Siedlung Two Harbors ist die Insel überwiegend Naturschutzgebiet.

Information
Los Angeles Convention and Visitors Bureau, 685 South Figueroa Street, Los Angeles CA 90017, Tel. 213/6898822, www.discoverlosangeles.com

10 – 11 HOLLYWOOD

Seit vor fast 100 Jahren die ersten Studios im Norden von Los Angeles bewegte Bilder produzierten, ist Hollywood für die meisten gleichbedeutend mit Traumfabrik und Filmindustrie, auch wenn viele Film- und TV-Studios längst ins nördliche Burbank oder in die Westside zogen.

Sehenswert
Schon 1923 wurde der berühmte Schriftzug in die Hollywood Hills gesetzt – allerdings urspr. von einer Immobilienfirma, die Grundstücke verkaufen wollte. Der Vorplatz von 10 **Mann's Chinese Theatre** ist fast noch berühmter als das 1927 im Pagodenstil erbaute Kino, mit Fuß- und Handabdrücken von rund 200 Filmstars. Der 11 **Hollywood Walk of Fame** ehrt mit in den Fußweg des Hollywood Boulevard eingelassenen Sternen Berühmtheiten aus Film, Fernsehen und Musik.

Hotels und Restaurants
Das **Roosevelt Hotel**, komplett renoviert und im Herzen von Hollywood, war Schauplatz der ersten Oscar-Verleihungen (7000 Hollywood Boulevard, Tel. 323/4667000, www.hollywoodroosevelt.com; Zimmer ab 200 $). Das **Highland Gardens Hotel** zu Füßen der Hollywood Hills bietet eine illustre Gästeliste auf (7047 Franklin Avenue, Tel. 323/8500536, www.highlandgardenshotel.com; Zimmer ab 120 $).
In **Pink's Hot Dogs** werden seit 1939 Hot-Dogs in zig Variationen angeboten (709 North La Brea Avenue, Tel. 323/9314223). **Ammo** serviert leichte kalifornische Küche (1155 North Highland Avenue, Tel. 323/8712666).

Umgebung
Studio-Touren in **Burbank** nördl. Hollywood führen hinter die Kulissen der Film- und Fernseh-Industrie, so bei den Warner Brothers (3400 Riverside Drive, Tel. 818/9728687, www2.warnerbros.com) oder den NBC Studios (3000 West Alameda Avenue, Tel. 818/8403567, www.nbc.com). Die Universal Studios (1000 Universal Plaza, Tel. 818/6623801, www.universalstudioshollywood.com; Sommer tgl. 9.00–21.00, Winter 9.00–18.00 Uhr) in **Universal City** sind Produktionsstätte und Vergnügungspark in einem.

Information
Los Angeles Convention & Visitors Bureau, Hollywood Office, 6801 Hollywood Boulevard, Hollywood CA 90028, Tel. 323/4676412, www.discoverlosangeles.com

12 – 16 ANAHEIM

Vor 150 Jahren gründeten deutsche Einwanderer mit Weinstöcken aus den Rheinlanden im Gepäck ihr neues Heim am Santa Ana River. An sie erinnert heute nur noch der Name der größten Stadt von Orange County. Als Walt Disney vor gut 50 Jahren hier seinen Vergnügungspark Disneyland gründete, war es mit der Ruhe und Beschaulichkeit vorbei.

Sehenswert
Mehr als 60000 Besucher strömen jeden Tag durch die Tore von 14 **Disneyland** ▶ **TOPZIEL**. In acht Themenbereichen von der „Main Street USA" über „Fantasyland" bis zum „California Adventure" mit gestalteten Landschaften, Dutzenden von abenteuerlichen „Rides" und diversen Restaurants und Imbissen werden die Gäste unterhalten (Disneyland Guest Relations, Tel. 714/7814565, www.disneyland.com).

Hotels und Restaurants
Disney's Grand Californean ist ein komfortables Disney-Hotel am Vergnügungspark (1600 South Disneyland Drive, Anaheim, Tel. 714/9566425, www.disneyland.com; Zimmer ab 200 $). Die gepflegte Anlage des **Residence Inn** bietet Suiten und viel Platz (11931 Harbor Blvd., Garden Grove, Tel. 741/5914000, www.residenceinnanaheim.com; Zimmer ab 160 $).
Ramos House Café ist ein originelles Café-Restaurant in altem Holzhaus mit eigenem Kräutergarten (31752 Los Rios Street, San Juan Capistrano, Tel. 949/4431342).
Als einer der besten Blues Clubs von L.A. und Umgebung gilt das **Blue Café** (210 The Promenade, Long Beach, Tel. 562/9837111).

Umgebung
Auch 12 **Pasadena** ist mit einer Altstadt noch aus dem 19. Jh. einen Besuch wert. Das Norton Simon Museum präsentiert Werke von Rembrandt, Degas, Monet, Renoir und van Gogh (411 West Coronado Boulevard, www.nortonsimon.org; Mi.–Mo. 12.00–18.00, Fr. bis 21.00 Uhr). Im Osten, an den Ausläufern der San Gabriel Mountains, erfreut das Huntington Museum in **San Marino** Kunst- und Naturliebhaber gleichermaßen (1151 Oxford Road, www.huntington.org; Mo.–Fr. 12.00–16.30, Sa., So. 10.30–16.30 Uhr, Di. geschl.). 13 **San Bernadino**, mit 52000 km² größter Regierungsbezirk der USA und etwas größer als Niedersachsen,

Tipp

Antike Exponate

Jahrelang wurde die **Getty Villa** an der Steilküste von Malibu restauriert. Der größte Teil der Kunstsammlungen Jean Paul Gettys zog in das Getty Center in den Santa Monica Mountains. Die exzellente Sammlung mit rund 1200 griechischen, etruskischen und römischen Ausstellungsstücken hat in der Rekonstruktion der Villa dei Papiri aus Herculaneum ein adäquates Domizil gefunden.

18 *J. Paul Getty Museum, 17985 Pacific Coast Highway, Malibu, Tel. 310/4407300, www.getty.edu, Reservierungen notwendig*

DuMont Aktiv

ist ein Zentrum des kalifornischen Orangenanbaus. Die legendäre Route 66 verläuft mitten durch das Zentrum der Stadt San Bernadino. An der Straße steht auch das erste, 1940 gegründete McDonald's-Restaurant, heute Museum. Der „Rim of the World Scenic Byway" schwingt sich durch die malerischen San Bernardino Mountains vom Lake Arrowhead zum Lake Baldwin und schließlich zum Big Bear Lake. **15** **Knott's Berry Farm**, der zweitgrößte, eher traditionelle Vergnügungspark Kaliforniens mit haarsträubenden Achterbahnen und täglichem Shootout in Westernkulisse, liegt im Anaheim nordw. benachbarten Buena Park. Wie Anaheim gehört auch **16** **Long Beach** zum Bezirk Orange County. Das Aquarium of the Pacific mit großen gläsernen Wassertanks (100 Aquarium Way, www.aquariumofpacific.org; tgl. 9.00–18.00 Uhr) ist die Hauptattraktion.

Information

Anaheim Orange County Visitors & Convention Bureau, 800 West Katella Avenue, Anaheim CA 92803, Tel. 714/765 88 88, www.anaheimoc.org

17 – 18 SANTA MONICA

Schon 1875 wurde am breiten Strand von Santa Monica gebadet. Auch heute ist noch genug Platz für Sonnenhungrige, Surfer und Schwimmer, Jogger und Inline-Skater.

Sehenswert

Hauptattraktion ist der 330 m lange **17** **Pacific Park** genannte Pier, schon fast so alt wie Santa Monica selbst.

Hotels

Das **Marina Pacific Hotel** ist ein freundliches Familienhotel nicht weit vom Strand entfernt (1697 Pacific Avenue, Venice Beach, Tel. 310/452 11 11, www.mphotel.com; Zi ab 110 $, einige mit Kochnische). **Le Merigot** ist eine großzügige, gepflegte Anlage einen Block vom Strand entfernt (1740 Ocean Avenue, Santa Monica, Tel. 310/395 97 00, www.lemerigothotel.com; DZ ab 320 $).

Umgebung

Am Strand stehen die fotogenen Stelzenhäuser von **18** **Malibu**, umspült von den Wellen des Pazifiks.

Information

Santa Monica Convention & Visitors Bureau, 1920 Main Street, Suite C, Santa Monica, CA 90405-1006, Tel. 310/393 75 93, www.santamonica.com

„Walk that way!" – Zu Fuß durch die Autostadt

Wer bei Los Angeles auch ans Wandern denkt, der liegt gar nicht so falsch, wie mancher vielleicht annimmt. Besonders die ausgedehnten Naturparks in den Santa Monica Mountains am Nordrand der Stadt locken mit Dutzenden von Wanderwegen mit herrlichen Ausblicken.

Wer vermutet, in Los Angeles seien Fußgänger Freiwild und die einzige legale Fortbewegungsart der „Stop and Go"-Verkehr auf den überfüllten Highways, der täuscht sich gewaltig. Es gibt Dutzende kleiner Fluchten in die umgebende Natur und sogar Stadtwanderwege durch die Megalopolis. Die bis zu 1000 m hohen Santa Monica Mountains schirmen die besiedelte Küstenebene zum San Fernando Valley nach Norden ab. Sie stehen zum großen Teil unter Naturschutz. Zur über 280 km² großen National Recreation Area kommen diverse State Parks, wie Malibu Creek, Topanga oder der Will Rodgers State Historic Park. Sie sind von einem Netz Dutzender Wander- und MountainBike-Trails durchzogen. Idealerweise im milden Frühlingsklima oder auch im Herbst lässt es sich am besten wandern, im heißen Sommer sollte man genügend Trinkwasser mit sich führen.

Hier hat man einen guten Überblick

Der Waterfall Trek führt auf einem 6,5 km langen Rundweg durch den Escondido Canyon am gleichnamigen Creek entlang bis zu einem Wasserfall.

Rocky Oaks, mit einem Teich, Picknickstellen und Eichenhainen kann man von der Kreuzung des Mulholland Drive mit der Kanan Road nach Nordwesten erreichen.

Die knapp 4 km lange Rundstrecke im Arroyo Sequit Park führt auf dem Gelände einer früheren Ranch über weite Bergwiesen und durch eine Schlucht.

WEITERE INFORMATIONEN

http://discoverlosangeles.com listet eine Übersicht attraktiver Wanderstrecken auf.
Gute Infos bekommt man auch bei der Santa Monica Mountains National Recreation Area, **ww.nps.gov/samo**.
Gute Verweise mit einer Liste schöner Trails findet man zudem auf **www.trails.com**.

Oasen des Lebens im Tal des Todes

Rund 300 Sonnentage im Jahr, dabei meist eine leichte Brise vom Meer, schöne Strände, Museen, Theater, Parks – verständlich, dass die Bewohner von San Diego ihre Stadt überaus lieben. Schon wenig weiter im Osten erwartet Besucher extreme Hitze in den Sommermonaten, aber auch die faszinierend karge Schönheit der Wüste, die erstaunlich schnell zu einem Blütenmeer wird, wenn es denn einmal regnet.

Sonnenaufgang am Zabriskie Point im Tal des Todes

Über die Bay geht der Blick auf die Downtown von San Diego

Handwerk aus spanischen Zeiten ist im Old Town State Historic Park zu sehen

Die Flamingos der SeaWorld sind in den Lagunen Mittelamerikas heimisch

Moderne, teilweise historisierende Architektur bestimmt die Horton Plaza

„Last thing I remember, I was running for the door / I had to find the passage back to the place I was before / „Relax“ sad the night man, „We are programmed to receive / You can check out any time you like, but you can never leave.“

Eagles, „Hotel California“

Nachdem Juan Cabrillo 1542 als erster Europäer mit einer kleinen Flottille von drei Schiffen die kalifornische Küste bis hinauf zum heutigen Oregon erkundet hatte, dauerte es noch einmal über 220 Jahre, bis mit dem Bau der ersten Missionskirche nördlich der Bucht von San Diego die Besiedlung der Region durch die Spanier begann. Erst nach der Annexion Kaliforniens durch die Vereinigten Staaten Mitte des 19. Jahrhunderts entstand das heutige Stadtzentrum im Nordosten der Bay, der Anschluss an die transkontinentale Santa-Fe-Eisenbahnstrecke nach einem kleinen Goldrausch und der Ausbau des Hafens brachten weiteres Wachstum. Während in Europa der Erste Weltkrieg wütete, entstand zur Panama-California Exposition der weitläufige Balboa Park, der 20 Jahre später anlässlich der internationalen California-Pacific-Ausstellung mit vielen Museen und Gebäuden im spanischen Kolonialstil sein heutiges Gesicht erhielt. Doch erst der Überfall der Japaner auf das Marinekommando in Pearl Harbour Ende 1941 sollte den entscheidenden Anstoß für das Wachstum San Diegos bringen. Das Pazifikkommando der Navy wechselte von Hawaii in die sicherer erscheinende Hafenstadt Südkaliforniens, mit vielen Tausend Soldaten, mit Militäreinrichtungen und Zulieferbetrie-

Ganz oben: In der ehemaligen Oase Palm Springs werden die namengebenden Gewächse gehätschelt. Oben: Sobald ein wenig Wasser da ist – manchmal reicht schon Tau – kommen die Vögel in die Wüste. Rechts: Hole-in-the-Wall ist eine bekannte Region des Mojave National Preserve

Calico Ghost Town erinnert an vergangene Zeiten

Special INDIANER

Bevor die Weißen kamen

Als der Spanier Juan Rodriguez Cabrillo 1542 mit seinem Segelschiff in die San Diego Bay einlief, mögen rund 130 000 Indianer im Gebiet des heutigen Kalifornien gelebt haben. Etwa 100 Dialekte unterschiedlicher Sprachfamilien hatten sich während der rund 7000 Jahre herausgebildet, seit Nomaden aus Sibirien über die damals trockene Passage der Beringstraße nach Amerika gewandert waren.

Das Land war fruchtbar, Wild lebte in den dichten Wäldern reichlich, ebenso Fische in den Flüssen und im Ozean – so gab es wenig Grund für kriegerische Auseinandersetzungen zwischen den Stämmen der Gabrielinos im Gebiet des heutigen Los Angeles, der Miwok an der San Francisco Bay und der Shasta ganz im Norden. Doch von den Weißen eingeschleppte Krankheiten, Misshandlungen, die Verdrängung aus ihrem angestammten Lebensraum und oftmals in Massakern endende Verfolgung reduzierte die Zahl der »Natives« zu Beginn des 20. Jahrhunderts auf wenig mehr als 10 000 Köpfe. Heute verstehen sich wieder etwa 330 000 Einwohner Kaliforniens als Indianer – die meisten von ihnen sind integrierte Mitglieder der US-amerikanischen Gesellschaft. Denn nur ungefähr zehn Prozent von ihnen leben in den über den Bundesstaat verteilten Reservaten. Aber in den letzten Jahren haben viele »Natives« ein neues Selbstbewusstsein entwickelt.

Skulptur in der Calico Ghost Town

ben vor allem im Hafenbereich. Heute gründet sich die ökonomische Basis der Stadt vermehrt auf Finanzwirtschaft, auf Telekommunikations- und Biotechnologie sowie auf den Tourismus. Das gute Wetter, Vergnügungsparks, Museen, das die alten Zeiten beschwörende Gaslamp Quarter im Zentrum mit Geschäften, Restaurants und Bars, dazu das nahe Mexiko und ein kontrastreiches Hinterland begeistern Bewohner und Besucher von „America's Finest City" gleichermaßen. Die breiten Strände und der im Vergleich zum Norden des Bundesstaates angenehmer temperierte Pazifik – die kalten Meeresströmungen aus den arktischen Regionen verlieren hier so langsam ihre Wirkung – machen das Leben am und im Wasser zum dauerhaften Vergnügen.

DIE WÜSTE IST NICHT WEIT

Wer ins Landesinnere fährt, merkt sehr schnell, dass die Millionenstadt nicht viel Siedlungsraum hat, wird sie doch bereits nach nur wenigen Kilometern vom Pazifik entfernt von Wüsten begrenzt. Erstaunlich viele Tiere haben ihre Lebensweise an die Wüstenbedingungen angepasst. Wenn die Sonne untergeht, werden die Kojoten munter und gehen auf Jagd, ebenso wie die Panamint-Klapperschlange. Eidechsen und Tarantula-Spinnen verschwinden

Rechts: Im klimatisierten amerikanischen Wohnmobil ist selbst ein Badlands-Ausflug ein Vergnügen. Unten: Luftiges Picknick ohne Scheu vor Abgründen am Font's Point im Anza-Borrego Desert State Park. Rechte Seite: Von Dante's View geht der Blick hinab in die Unterwelt – hier auf die salzigen Badwater, mit 86 Metern unter Meereshöhe der tiefste Punkt in den Vereinigten Staaten

bei zu großer Hitze in Felsspalten, Dickhornschafe und verwilderte Esel ziehen sich auf kühlere Höhenzüge zurück. Sogar eine Fischart, Relikt aus längst vergangenen Zeiten, als vor 20 000 Jahren ein eiszeitliches Binnenmeer das Tal des Todes bedeckte, lebt in den Salzwasserpfützen des Death Valley. Sie erträgt, ebenso wie eine nur hier vorkommende Krabbenart, die extreme Salzkonzentration des Wassers. Bei zu großer Trockenheit, Kühle oder anderer Gefahr gräbt sich der Salzwüstenfisch im feuchten Schlamm ein und verfällt in eine Schlafstarre, bis sich die Lebensbedingungen wieder gebessert haben.

EXTREMER GEHT ES KAUM

Auch das über 300 Kilometer weiter im Norden liegende Tal des Todes ist eine Landschaft der Extreme. „Tomesha“ nannten es die Panamint-Indianer, „Land des Feuers“. Im Sommer klettert das Thermometer auf durchschnittliche 47 Grad. Als sich Goldsucher und Siedler Mitte des 19. Jahrhunderts. auf dem Weg nach Westen in der Einsamkeit verirrten, wurde die Wüste für sie zu einem Tal der Verzweiflung und des Todes. Badwater liegt hier mit seinen Salzpfannen tief unter dem Meeresspiegel. Am Artist's Drive leuchten die erodierten Felsen in vielen Farben. Bei Stovepipe Wells schichtet der heiße Wind riesige Sanddünen auf, verschiebt und glättet sie wieder. Die gnadenlose Sonne bleicht Täler und Schluchten aus, lässt beim Devil's Golfcourse südlich von Furnace Creek geheimnisvolle und bedrohlich aussehende Salzkristalle aus dem Boden wachsen. Unheimlich auch der Ubehebe-Krater ganz im Norden des Tals. Er entstand vor 2000 Jahren, als eine Explosion den Kegel eines Vulkans zerriss. Ruinen und Überreste von Gerätschaften der boraxhaltiges Gestein abbauenden Minengesellschaft Harmony Borax Works erinnern bei Furnace Creek daran, das sich die Menschheit von keiner Unwirtlichkeit abschrecken lässt, wenn nur großer Verdienst lockt.

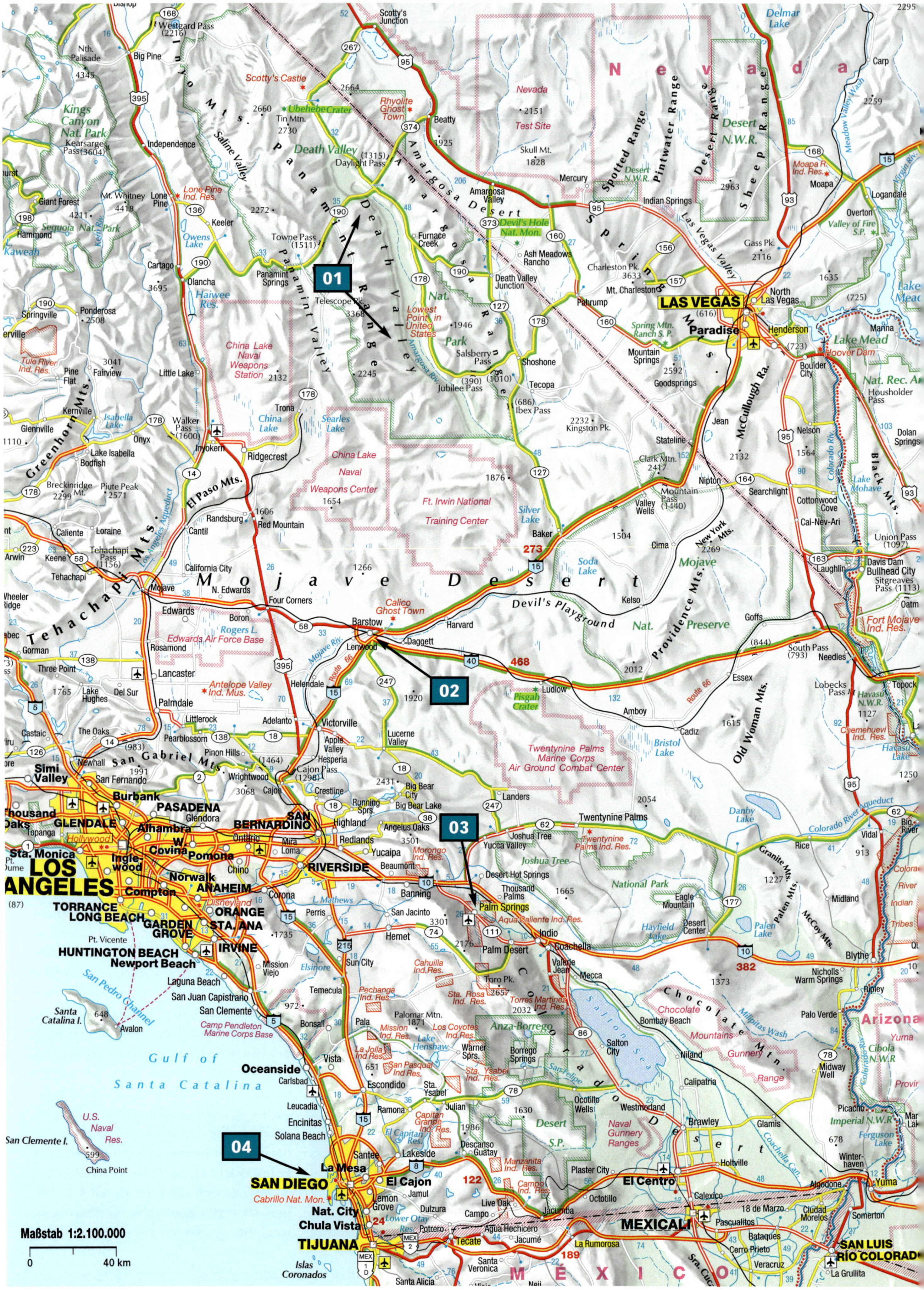
Nevada
Arizona
MÉXICO
LAS VEGAS
Paradise
Henderson
North Las Vegas
Boulder City
Hoover Dam
Lake Mead
Lake Mead Nat. Rec. Area
Death Valley
Death Valley Nat. Park
Lowest Point in United States
Panamint Range
Panamint Valley
Panamint Springs
Amargosa Desert
Amargosa Range
Amargosa Valley
Spring Mts.
Sheep Range
Desert Range
Pintwater Range
Spotted Range
Desert N.W.R.
Nevada Test Site
Mercury
Indian Springs
Pahrump
Beatty
Rhyolite Ghost Town
Scotty's Castle
Ubehebe Crater
Furnace Creek
Stovepipe Wells
Telescope Pk.
Shoshone
Tecopa
Baker
Barstow
Lenwood
Daggett
Calico Ghost Town
Mojave Desert
Mojave Nat. Preserve
Devil's Playground
Kelso
Cima
Nipton
Searchlight
Laughlin
Bullhead City
Needles
Ludlow
Amboy
Pisgah Crater
Bristol Lake
Old Woman Mts.
Twentynine Palms
Twentynine Palms Marine Corps Air Ground Combat Center
Joshua Tree National Park
Yucca Valley
Palm Springs
Palm Desert
Indio
Coachella
Salton Sea
Salton City
Chocolate Mountains
Colorado Desert
Brawley
El Centro
Calexico
MEXICALI
Yuma
SAN LUIS RIO COLORADO
Blythe
Anza-Borrego Desert S.P.
Borrego Springs
SAN DIEGO
La Mesa
El Cajon
Chula Vista
Nat. City
TIJUANA
Tecate
Oceanside
Carlsbad
Escondido
Encinitas
Solana Beach
Cabrillo Nat. Mon.
Camp Pendleton Marine Corps Base
Gulf of Santa Catalina
Santa Catalina I.
Avalon
San Clemente I.
San Pedro Channel
LOS ANGELES
LONG BEACH
TORRANCE
HUNTINGTON BEACH
Newport Beach
Laguna Beach
San Juan Capistrano
San Clemente
ANAHEIM
ORANGE
STA. ANA
IRVINE
GARDEN GROVE
Compton
Norwalk
Inglewood
PASADENA
GLENDALE
Burbank
Alhambra
W. Covina
Pomona
Ontario
SAN BERNARDINO
RIVERSIDE
Redlands
Hemet
Banning
Beaumont
Big Bear Lake
Victorville
Hesperia
Apple Valley
Lancaster
Palmdale
Edwards Air Force Base
Rosamond
Mojave
Tehachapi Mts.
California City
Ridgecrest
China Lake Naval Weapons Center
Fort Irwin National Training Center
El Paso Mts.
Inyokern
Lake Isabella
Kernville
Sequoia Nat. Park
Kings Canyon Nat. Park
Mt. Whitney 4418
Lone Pine
Independence
Big Pine
Inyo Mts.
Owens Lake
Simi Valley
Thousand Oaks
Sta. Monica
San Fernando
Santa Clarita
Maßstab 1:2.100.000
0
40 km
01
02
03
04

Zwischen Ozean und Wüste

Die Wüsten Kaliforniens breiten sich über 100 000 Quadratkilometer bis an die Grenzen Arizonas im Osten und Mexikos im Süden aus. San Diego, ganz im Süden der kalifornischen Pazifikküste, gilt mit seinem ganzjährig angenehmen Klima als eine Stadt, in der es sich gut leben lässt.

01 DEATH VALLEY

Das Tal des Todes ist heiß und trocken. Mehrere Bergketten im Westen lassen die Wolken bereits vorher abregnen. Rund 47 °C im kaum vorhandenen Schatten werden im Sommer durchschnittlich gemessen. Dennoch ist das Tal nicht tot, eher ein Refugium hochspezialisierter Natur. Die Sanddünen von Stovepipe Wells, die ausgewaschenen Felsfurchen bei Zabriskie Point und die farbig gezeichneten Felsen am Artist's Drive gehören zu den Naturschönheiten des 13 000 km² großen, von Bergen eingerahmten Tals.

Sehenswert

Dem Aussichtspunkt **Dante's View** (1669 m) liegt das gesamte Tal des Todes zu Füßen. Knapp 30 km zuvor gibt eine Ausstellung im **Furnace Creek Visitor Center** Auskunft über die Geschichte, Flora und Fauna des Tals (tgl. 8.00–17.00 Uhr). **Scotty's Castle** gehörte in den 1920er-Jahren einem Geschäftsmann aus Chicago; das im maurisch-spanischen Stil am Nordrand des Nationalparks erbaute Anwesen wurde nur bis zum Börsenkrach 1929 bewohnt und ist heute Museum (tgl. 9.00–17.00, Touren 9.30–16.00 Uhr).

Hotel und Restaurant

Furnace Creek Inn & Ranch Resort bietet einfache und luxuriöse Unterkünfte in der Oase (Highway 190, Death Valley CA 92328, Tel. 760/786 23 45, www.furnacecreekresort.com; Zimmer ab 120/275 $). Lunch und Abendessen im Buffetstil sowie à la carte gibt es im **Wrangler Buffet & Steakhouse** (Furnace Creek Resort).

Information

Death Valley National Park, P.O. Box 579, Furnace Creek CA 92328, Tel. 760/786 32 00, www.nps.gov/deva

02 BARSTOW

Die Mojave-Wüste breitet sich vom Ostrand der Sierra Nevada bis zum Colorado River aus. In der von felsigen Erhebungen unterbrochenen Hochebene um die 1880 gegründete Kleinstadt Barstow wurden Ende des 19. Jh. Gold und Silber gefunden. Ghosttowns mit windschiefen Häusern erzählen von den hektischen Zeiten des kurzen Goldrausches zwischen 1881 und 1896.

Sehenswert

Calico Ghost Town (nordöstl.) bietet eine herausgeputzte Westernatmosphäre mit Shoot-Out, Saloons und Goldwäsche.

Hotel und Restaurant

Die **Desert Villa** ist ein ordentliches Motel in der Mojave-Wüste (1984 East Main Street, Barstow CA 92311, Tel. 866/930 59 90, www.bestwesternbarstow.com; Zimmer ab 68 $). **Idle Spurs Steak House** ist rustikal und seit 50 Jahren für altmodisch große Portionen bekannt (690 Old Highway 58, Tel. 760/256 88 88).

Umgebung

Der **Red Rock Canyon State Park** (westl. zwischen Mojave und Ridgecrest bei Cantil) an der Südspitze der Sierra Nevada hat mit seinen roten Felsen schon in diversen Hollywood-Western, aber auch in Steven Spielbergs „Jurassic Park" als Kulisse gedient.

Information

Barstow Area Chamber of Commerce and Visitors Bureau, 681 North First Avenue, P.O. Box 0698, Barstow CA 92312, Tel. 760/256 86 17, www.barstowchamber.com

03 PALM SPRINGS

Palm Springs war bis in die 1960er-Jahre Winterquartier der High Society. Dank allgegenwärtiger Klimaanlagen, tausender Pools und diverser Golfplätze lässt es sich im gesunden Wüstenklima von Desert Hot Springs, Palm Springs oder Palm Desert gut leben – das nötige Kleingeld vorausgesetzt.

Sehenswert/Museum

Ein Wanderweg führt vom Indian Trading Post 8 km südl. des Ortes in den **Palm Canyon**, einen beeindruckenden Wald mit hunderten riesiger Washingtonia-Palmen. Im südl. benachbarten Palm Desert lohnt der Zoo **Living Desert** einen Besuch (Portola Avenue, www.livingdesert.org; Mitte Juni–Aug. tgl. 8.00 bis 13.30, sonst tgl. 9.00–17.00 Uhr).
Das **Palm Springs Art Museum** besticht durch eine Sammlung präkolumbianischer Kunst, mit Glasarbeiten sowie amerikanischer Kunst des 20. Jh. (101 Museum Drive, www.psmuseum.org; Di.–Mi. und Fr.–So. 10.00–17.00, Do. 12.00 bis 20.00 Uhr, Mo. geschl.).

Hotels und Restaurants

Das **Pepper Tree Inn** ist ein Boutique-Hotel in spanischem Kolonialstil (622 North Palm Canyon Drive, Palm Springs CA 92262, Tel. 760/318 98 50, www.peppertreepalmsprings.com; Zimmer ab 95 $). Das **Movie Colony Hotel** besteht aus kleinen Bungalows; Frühstück und Happy Hour an der Bar (726 North Indian Canyon Drive, Palm Springs CA 92262, Tel. 760/320 63 40, www.moviecolonyhotel.com. Zimmer ab 130 $). Köstliche kalifornische Küche mit pazifischen Anleihen serviert **Copley's** (621 North Palm Canyon, Palm Springs, Tel. 760/327 95 55).

Umgebung

Wer mit der Gondelbahn den **Mount San Jacinto State Park** erreicht hat, kann in 2600 m Höhe wandern und im Winter mit Langlaufski durch die Landschaft gleiten (Aerial Tram, www.pstramway.com; Mo.–Fr. 10.00–22.30/21.45, Sa. und So. 8.00–22.30/21.45 Uhr).
Der 3200 km² große **Joshua Tree National Park** ▸TOPZIEL im Osten von Palm Springs bietet vom Key View Point einen Panoramablick ins Coachella-Tal, dazu diverse Wander- und

Staubtrockene Racetrack Playa im Tal des Todes

Naturerlebnis pur: im Joshua Tree National Park

Mountainbikestrecken und rosarote Granitfelsen, die Bergsteigern und Freeclimbern echte Herausforderungen bieten.
Der spanische Hauptmann Juan Bautista de Anza, der 1774 die Region erkundete, und das Dickhornschaf gaben dem 2430 km² großen **Anza-Borrego Desert State Park** seinen Namen. Nur wenige Straßen durchqueren die bizarr-schöne Landschaft mit tiefen Schluchten, Steinwüsten und Palmenoasen, die am Kamm des Küstengebirges hinter San Diego beginnt und fast bis zum Salton Sea reicht. Zwischen März und Mai, falls Westwinde genügend Regen bringen, verwandelt sich der Wüstenboden für kurze Zeit in einen Blumenteppich – eine ideale Zeit für Ausflüge oder eine Wanderung. Der 5 km lange Weg durch den Borrego Palm Canyon beginnt nicht weit vom Visitor Center in Borrego Springs; er führt zu Fächerpalmenhainen und einem Wasserfall in der Oase. **Salton Sea**, der 974 km² große Salzwassersee 66 m unter Meereshöhe, war eigentlich längst ausgetrocknet. Ein Dammbruch 1905 am fernen Colorado flutete ihn wieder. Mehrere Millionen Zugvögel nutzen das flache Wasser am Südufer als Winterquartier.

Information

Palm Springs Bureau of Tourism,
70-100 Highway 11, Rancho Mirage CA 92270,
Tel. 760/778 84 15, www.visitpalmsprings.com
Palm Springs Bureau of Tourism,
777 North Palm Canyon Drive, Suite 201,
Palm Springs CA 92262,
Tel. 760/327 28 28, www.palmsprings.org

04 SAN DIEGO

Die mit knapp 1,3 Mio. Einw. zweitgrößte kalifornische Metropole und Hauptstadt des gleichnamigen County hat sich ein legeres Image bewahrt. Rund 300 Sonnentage im Jahr und ein ausgeglichen warmes Klima, dazu lange Strände an Pazifik und Mission Bay sowie ausgedehnte Parkanlagen lassen die Millionenstadt als großen Ferienort erscheinen. Dabei zeigen die Wolkenkratzer im Financial District, dass San Diego auch ein internationales Bankenzentrum ist. Bei einer Rundfahrt durch die Bay ist die große Bedeutung des Hafens unübersehbar. Und wer einmal nach Mexiko reisen will, steigt hier einfach in die Straßenbahn.

Sehenswert

Das mehrere Straßenzüge umfassende **Gaslamp Quarter** im Zentrum steht als Historic District unter Denkmalschutz. Diverse Restaurants und Bars sorgen für einen Anflug von Nachtleben. Gleich daneben lockt das vielfarbige Einkaufs- und Vergnügungszentrum Horton Plaza Besucher an. Der **Hafen** an der Bay mit großer Marina, Anleger für Kreuzfahrtschiffe und gleichzeitig Militärstützpunkt, gehört zu den wirtschaftlichen Standbeinen der Stadt. Das **Cabrillo National Monument** erinnert an die Erkundung der kalifornischen Küste Mitte des 16. Jh. Der **Balboa Park** ist zugleich die grüne Oase der Stadt, bedeutendster Museumsstandort von San Diego und Heimat des berühmten San Diego Zoo (www.sandiegozoo.com; Sommer tgl. ab 9.00, im Winter ab 10.00 Uhr, Schlusszeiten variieren). **Old Town San Diego** etwas weiter nördl. war zu spanisch-mexikanischen Zeiten Stadtzentrum; restaurierte Gebäude aus dem 19. Jh. sind passend ausgestattet und zu besichtigen (Infobroschüre in der Casa de Estudillo, 4001 Mason Street, www.sandiegohistory.org). Die nicht weit entfernte **Mission Basilica San Diego de Alcala** (10818 San Diego Mission Road, www.missionsandiego.com; tgl. 9.00–16.45 Uhr) wurde 1769 von Pater Junípero Serra gegründet und gilt als „Mutter" der kalifornischen Missionskirchen. Die einstige Sumpflandschaft der **Mission Bay** ist längst Areal für Freizeit und Sport. Der Meereszoo **SeaWorld** ▶**TOPZIEL** ist bekannt für seine spektakulären Shows mit Orcas, Delfinen und anderen Wassertieren (500 Sea World Drive, Mission Bay, www.seaworld.com; Sommer tgl. ab 9.00, Winter tgl. ab 10.00 Uhr, Schlusszeiten variieren).
Der Ortsteil **La Jolla** ist beliebt wegen seiner Sandstrände. Das **Birch Aquarium** (2300 Expedition Way, www.aquarium.ucsd.edu; tgl. 9.00 bis 17.00 Uhr) zieht mit seiner exzellenten Ausstellung zur Biologie kalter und warmer Meeresströmungen viele Besucher an.

Museen

Das **Mingei International Museum** zeigt wechselnde Volkskunst aus vielen Ländern (www.mingei.org; Di.–So. 10.00–16.00 Uhr). Das **Museum of Photographic Arts** informiert zur Geschichte der Fotografie (www.mopa.org; tgl. 10.00–17.00 Uhr). Im **Museum of San Diego History** steht die Geschichte seit Mitte des 19. Jh. im Mittelpunkt (www.sandiegohistory.org; tgl. 10.00–17.00 Uhr). Das **Museum of Man** informiert zu den präkolumbianischen Kulturen der Region und über die Frühgeschichte der Menschheit (www.museumofman.org; tgl. 10.00–16.30 Uhr). Das **Automotive Museum** zeigt 80 herausgeputzte, überwiegend US-Oldtimer (www.sdautomuseum.org; tgl. 10.00 bis

Tipp

Wild Animal Park

Escondido, gleich östl. Carlsbad am Golf von Santa Catalina, ist bekannt wegen seiner guten Weine und wegen seines 730 ha großen **Wildparks**, eines Ablegers des San-Diego-Zoos, über dessen weite Savannen Antilopen, Nashörner und Elefanten traben.

Wild Animal Park, 15500 San Pasqual Valley Road, Escondido,
www.wildanimalpark.org,
tgl. ab 9.00 Uhr, Schlusszeiten variieren

DuMont Aktiv

Durch den Unterwasserwald

In den Gewässern vor San Diego haben die kalten pazifischen Meeresströmungen des Nordens ihre Kraft verloren. Mit einer reichen Unterwasserwelt und alten Schiffswracks findet man hier ideale Bedingungen für besondere Taucherlebnisse.

Gigantische Tangwälder mit 30 m langen Trieben bewegen sich majestätisch im Rhythmus des Wellenschlags nicht weit vor Point Loma und La Jolla. Vergleichbar nur mit Korallenriffen, sind sie Heimat für ein reiches Ökosystem von Fischen und Schalentieren. Auch der hellorangene Garibaldi, „Staatsfisch" von Kalifornien, fühlt sich in den Küstengewässern vor San Diego zu Hause. Im 24 km² großen La Jolla Underwater Park bilden vor mehr als 30 Jahren versenkte Felsbrocken künstliche Riffe, besonders attraktiv für Taucher und Schnorchler.

Reiches Ökosystem unter Wasser

Hinzu kommt als besonderes Erlebnis die „Wreck Alley", ein Schiffsfriedhof vor der Küste von Mission Beach. Er gehört zu den beliebten Tauchrevieren von Südkalifornien. U-Boote, Zerstörer, aber auch einige zivile Schiffe sind für Taucher präpariert und hier versenkt.

Für geübte Taucher bieten der La Jolla und der Scripps Canyon, tiefe Spalten im Meeresgrund gleich vor der Küste, Taucherlebnisse in größeren Tiefen, die man auch ohne längere Bootstouren schnell erreichen kann.

WEITERE INFORMATIONEN

San Diego Ocean Foundation (Tel. 619/523 19 03, ***www.sdoceans.org***) ist eine gute Quelle für aktuelle Tauchtipps. **Ocean Enterprises** (7710 Balboa Ave., Tel. 858/565 60 54, ***www.oceanenterprises.com***) gehört zu den bewährten Tauchveranstaltern, ebenso wie **Scuba San Diego** (Tel. 619/ 260 18 80, ***www.scubasandiego.com***). **OEX Dive Centers** unterhält mehrere Tauchstationen im Raum San Diego (***www.oexcalifornia.com***).

Tipp

Abstecher nach Mexiko

Mexiko ist von San Diego nur eine kurze Fahrt mit der Straßenbahn oder dem Greyhound Bus entfernt. Das mexikanische **Tijuana**, eine Großstadt mit 2 Mio. Einw., bietet gleich hinter der Grenze im Centro Cultural (Paseo de los Heroes/ Avenida Independencia) einen sehenswerten Überblick zu Kultur und Geschichte. In der Arena El Toreo finden von April bis Juli Stierkämpfe statt.

17.00 Uhr). Im **Model Railroad Museum** ist die größte Modelleisenbahnausstellung in den USA zu sehen (www.sdmrm.org; Di.–Fr. 11.00 bis 16.00, Sa. und So. 11.00–17.00 Uhr). Das **Museum of Art** zeigt Meisterwerke der Kunst aus aller Welt (www.sdmart.org; Di.–Sa. 10.00 bis 17.00, So. 12.00–17.00 Uhr), das **Natural History Museum** Wissenswertes zu Flora, Fauna und Geologie Südkaliforniens (www.sdnhm.org; tgl. 10.00–17.00 Uhr). Im **Timken Museum of Art** hängt eine feine Sammlung europäischer Meister (www.timkenmuseum. org). Die fünf Schiffe des **Maritime Museum** liegen am Hafenquai (1492 North Harbor Drive, www.sdmaritime.com; tgl. 9.00–21.00 Uhr).

Hotels und Restaurants

Gaslamp Plaza Suites liegt zentral (520 East Street, San Diego CA 92101, Tel. 619/232 95 00, www.gaslampplaza.com; Zimmer ab 105 $). **Catamaran Resort** ist ein Strandresort an der Mission Beach mit polynesischem Flair (3999 Mission Boulevard, San Diego CA 92109, Tel. 858/488 10 81, www.catamaranresort.com; Zimmer ab 275 $).
George's bietet moderne kalifornische Küche mit Blick auf den Pazifik (1250 Prospect Street, La Jolla, Tel. 858/454 42 44), **Villa Nueva Bakery** ausgezeichneten Kaffee, gutes Gebäck und Snacks von morgens bis nachmittags (956 Orange Avenue, Coronado).

Umgebung

Die Gemeinde **Coronado** liegt auf einer Halbinsel zwischen der San Diego Bay und dem Pazifik, bekannteste Sehenswürdigkeit ist das „Hotel del Coronado" von 1888; das „Del" spielte in „Manche mögen's heiß" und anderen Filmen eine Hauptrolle.

Information

San Diego Convention & Visitors Bureau, 2215 India St., San Diego CA 92101, Tel. 619/232 31 01, www.sandiego.org

Geschichte

ca. 15 000 v. Chr Nomaden wandern während der letzten Eiszeit über die damals bestehende Landbrücke der heutigen Beringstraße aus Asien zum amerikanischen Kontinent.
1542 Juan Rodriguez Cabrillo erkundet im Auftrag des spanischen Königs die nordamerikanische Westküste.
1769 Der Franziskanerpater Junípero Serra gründet bei San Diego die erste von 21 Missionsstationen Kaliforniens.
1812 Russische Pelzhändler aus Alaska errichten die befestigte Handelsstation Fort Ross.
1821 Die Mexikaner erzwingen durch eine Revolution die Unabhängigkeit von Spanien. Kalifornien wird mexikanische Provinz.
1848 Auf dem Land John Sutters bei Sacramento wird Gold gefunden. Die USA annektieren nach erfolgreichem, ursprünglich wegen Texas erklärtem Krieg Kalifornien und weitere Gebiete Mexikos bis zum Rio Grande. Der Goldrausch zieht aus ganz Nordamerika über 200 000 Glücksuchende an die Westküste.
1850 Kalifornien wird 31. Bundesstaat der Vereinigten Staaten von Amerika, Sacramento dessen Hauptstadt.
1869 Die erste transkontinentale Eisenbahnstrecke verbindet die Ost- und die Westküste. Die Fahrt von New York nach Sacramento dauert rund siebeneinhalb Tage.
1890 Yosemite und Sequoia werden zu Nationalparks.
1892 In Downtown Los Angeles wird Erdöl gefunden und industriell ausgebeutet.
1906 Ein Erdbeben zerstört San Francisco. 28 000 Bewohner sterben, eine Viertelmillion wird obdachlos.
1911 Ein erstes Filmstudio in Hollywood.
1932 Los Angeles veranstaltet die ersten Olympischen Spiele auf dem amerikanischen Kontinent.
1941 Nach dem japanischen Angriff auf den Flottenstützpunkt Pearl Harbour auf Hawaii werden die Vereinigten Staaten zu Kriegsteilnehmern des Zweiten Weltkriegs.
1945 In San Francisco werden die Vereinten Nationen gegründet.
1955 In Anaheim bei Los Angeles eröffnet Disneyland und wird sofort ein großer Erfolg.
1963 John Steinbeck, kalifornischer Schriftsteller aus Salinas, erhält den Nobelpreis für Literatur.
1965 Soziale Unruhen in Los Angeles mit über 30 Toten in Schwarzenvierteln. In Berkeley und anderen Städten nehmen Proteste gegen den Vietnamkrieg der USA zu.
1967 „Summer of Love", Höhepunkt der Hippie-Bewegung in San Francisco.
1968 Der demokratische Präsidentschaftskandidat Robert Kennedy wird in Los Angeles ermordet. Der Kalifornier und Republikaner Richard Nixon wird 37. Präsident der USA.
1980 Ronald Reagan, früherer Schauspieler und republikanischer Gouverneur von Kalifornien, wird 40. Präsident der USA.
1984 Erneut finden die Olympischen Sommerspiele in Los Angeles statt, boykottiert vom kommunistischen Ostblock
1989 Das Erdbeben von Loma Prieta fordert 63 Todesopfer. Die Bay-Brücke von San Francisco nach Oakland stürzt ein.
1994 Joshua Tree und Death Valley werden Nationalparks.
2000 Der Zusammenbruch vieler „Dotcom"-Unternehmen führt zu einem gewaltigen Börsencrash. In Kalifornien entsteht eine schlimme Wirtschaftskrise.
2003 Arnold Schwarzenegger, Einwanderer aus Österreich, Ex-Bodybuilder und Schauspieler, wird Gouverneur von Kalifornien.
2007 tritt Schwarzenegger eine zweite Amtszeit an.
2010 Als erste Frau in der Geschichte dieser Preisverleihung erhält Kathryn Bigelow einen Oscar für die Regie ihres Films „Tödliches Kommando – The Hurt Locker".

ANREISE

San Francisco und Los Angeles werden von Transatlantikflügen direkt aus Europa angeflogen. Viele amerikanische Airlines erreichen Kalifornien mit Umsteigeverbindungen u.a. über New York, Chicago und Dallas. An den beiden großen internationalen kalifornischen Airports sind die gängigen Mietwagenunternehmen vertreten, außerdem stehen Taxen für einen – relativ teuren – Transfer bereit. Die Minibusse von SuperShuttle (Tel. San Francisco 800/258 38 26, oder Los Angeles 310/782 66 00 bzw. 415/558 85 00, www.supershuttle.com) befördern Passagiere für ca. 15 $ zu vielen City-Hotels. In San Francisco kann man die City seit einiger Zeit auch mit der Schnellbahn des öffentlichen Nahverkehrs BART (Bay Area Rapid Transit) erreichen.
Prinzipiell gilt der erste Flughafen, auf dem Passagiere in den USA landen, als Einreisepunkt. Hier werden die Pässe oder das Visum kontrolliert, hier erhält man sein Gepäck und passiert den Zoll. Wer gleich weiterfliegt, der gibt sein Gepäck unmittelbar nach der Zollkontrolle an einem Abfertigungscounter für „Transfer Passengers" erneut ab.

AUSKUNFT

Allgemeine Informationen California Travel & Tourism Commission, 980 9th Street, Suite 480, Sacramento CA 95814, Tel. 916/444 44 29, www. visitcalifornia.com (englisch).
Informative Webseiten Eine deutschsprachige Infoseite zu den USA mit Link zu Kalifornien ist www.usa.de. Übersichten zu den US-Nationalparks, mit Links zu den Nationalparks in Kalifornien, bietet www.nps.gov, zu allen kalifornischen State Parks www.parks.ca.gov.

AUTOFAHREN

Das Autofahren in Kalifornien ist weniger hektisch und aggressiv als in Europa. **Entfernungen** und **Geschwindigkeiten** werden in Meilen (= 1,609 km) angegeben (1 yard = 0,915 m). Auf Autobahnen gilt meist ein Tempolimit von 65–75 Meilen/Std. (= 104–121 km/h), auf Landstraßen sind es 55 (88 km/h), in Ortschaften zwischen 25 und 30 Meilen/Std. (40–48 km/h). Für die Anmietung eines **Mietwagens** im Urlaub reicht ein gültiger deutscher Führerschein. Mindestanmietalter ist 21 Jahre. Für unter 25-Jährige wird meist eine Zusatzversicherung fällig. Für die notwendige Kaution ist eine gängige Kreditkarte erforderlich. Ein Betrag wird nur im Schadensfall abgebucht. Es ist sinnvoll, einen Mietwagen bereits vor der Abreise zu buchen. Entweder im Reisebüro über den Katalog eines Reiseveranstalters oder direkt im Internet. Wichtig ist, bereits alle Steuern und Abgaben in die Buchung einzuschließen und darauf zu achten, dass der Wagen mit unbegrenzten Kilometern gemietet wird. Gute Preise bieten beispielsweise Holiday-Autos (www.holidayautos.de) und alamo (www.alamo.de).
In den USA gelten einige besondere **Verkehrsregeln**. Auf den autobahnähnlichen Highways

On the road im Anza-Borrego Desert State Park

Höher geht es nicht hinauf in Kalifornien: Mount Whitney (4418 m)

ist auch das Rechtsüberholen erlaubt. An Ampeln darf man (außer bei dem ausdrücklichen Verbot „No turn on red") auch bei Rot vorsichtig nach rechts abbiegen. Steht auf einem Stoppschild „4-Way-Stop", überqueren die Fahrzeuge die Kreuzung in der Reihenfolge ihrer Ankunft, das bedeutet, hier gilt nicht rechts vor links. Wer an Bushaltestellen, Wasserhydranten oder bei rot markiertem Bordstein parkt, riskiert, sofort abgeschleppt zu werden. Schulbusse mit ausgestelltem Stoppsignal bzw. eingeschalteter Warnblinkanlage dürfen von keiner Seite passiert oder überholt werden. Wer von einer Polizeistreife kontrolliert wird, bleibt im Fahrzeug sitzen, dreht die Seitenscheibe herunter und behält die Hände sichtbar am Lenkrad.

DOKUMENTE & VERSICHERUNG

Für einen touristischen Aufenthalt in den USA mit einem Aufenthalt von bis zu 90 Tagen benötigen Staatsangehörige aus EU-Ländern und der Schweiz kein Visum, aber einen maschinenlesbaren (bordeauxroten) Reisepass. Da sich die Bestimmungen für die Einreise schnell ändern können, ist unbedingt und rechtzeitig vorher das Reisebüro oder die zuständige Konsularabteilung der US-Botschaft zu kontaktieren (www.us-botschaft.de). Weiterhin ist ein Hin- und Rückflug oder ein Weiterflugticket notwendig und ggfs. der Nachweis ausreichender Geldmittel. Bereits im Flugzeug werden die Zollerklärung und ein Einreiseformular ausgefüllt, in dem auch die Adresse der ersten Unterkunft in den USA abgefragt wird. Bei der Passkontrolle werden von jedem Reisenden in wenigen Sekunden digitale Fingerabdrücke sowie ein digitales Porträtfoto angefertigt. Die medizinische Versorgung entspricht in etwa der europäischen. Allerdings werden die Patienten an den Kosten erheblich höher beteiligt als hierzulande – man gilt sozusagen als Privatpatient. Deshalb ist es sehr empfehlenswert, eine Zusatzversicherung abzuschließen, die eventuelle Mehrkosten abdeckt.

ESSEN & TRINKEN

Das traditionelle **American Breakfast** beinhaltet eine Auswahl von Rührei, Bratkartoffeln, Corned Beef, Würstchen und gebratenem Schinkenspeck. Außerdem gibt es Pfannkuchen mit Ahornsirup, Toast, Butter, Marmelade und Orangensaft. Wer nicht gleich danach zum Holzfällen aufbrechen will, kann es in vielen Frühstücksrestaurants inzwischen auch leichter haben, mit Fruchtsalat, Joghurt oder „Cereals". Der traditionelle (dünne) amerikanische Kaffee tritt immer mehr hinter Caffé Latte, Cappuccino und anderen italienischen Kaffeespezialitäten zurück, die bei Starbuck's und anderen Coffee Shops serviert werden.

Mittagessen (Lunch) spielt in den USA nur eine Nebenrolle. Viele begnügen sich mit einer kleinen Zwischenmahlzeit, einer Suppe, einem Salat, einem Sandwich oder Burger. Das **Abendessen (Dinner)** ist die eigentliche Hauptmahlzeit des Tages. Steaks und Fischgerichte sind beliebt, aber auch Mexikanisches wie Tacos oder Enchilladas. Bei der großen Zahl von Einwanderern kann der Urlaubsaufenthalt schnell zu einer kulinarischen Weltreise werden. Auch die asiatische Küche, vor allem aus

Daten und Fakten

Landescharakter und Klima: Kalifornien liegt im Südwesten der USA. An den Süden grenzt Mexiko, im Norden Oregon. Der Pazifik markiert die Westgrenze, östlich der Sierra Nevada beginnt Nevada. Weiter im Süden bildet der Colorado River die Grenzlinie zu Arizona. Der meist schmale Küstenstreifen wird von Gebirgszügen der Coast Ranges begrenzt, mit Höhen von 1500 m bis 2700 m. Dahinter öffnet sich das fruchtbare Central Valley mit einigen Nebentälern, im Norden vom Sacramento River, im Süden vom San Joaquin River durchflossen. Ganz im Norden erheben sich die Vulkangipfel der Cascade Mountains, die nach Süden von der über 4000 m hohen Sierra Nevada abgelöst werden. Südlich davon beginnen die Mojave Desert und weiter im Südosten die Sonora Desert; die Wüsten nehmen fast ein Viertel der Landfläche ein. Der Norden und die westlichen Gebirgshänge kennen reiche Niederschläge, im Süden ist es heiß und trocken. Der erdbebenaktive San-Andreas-Graben zieht sich vom Südosten bis an die Pazifikküste bei Point Reyes.

Statistisches: Kalifornien erstreckt sich knapp 1300 km von Nord nach Süd, von Westen nach Osten misst der Bundesstaat maximal 560 km.

Die buchtenreiche Pazifikküste ist etwa 2000 km lang. Mit einer Gesamtfläche von 411 000 km² steht Kalifornien auf dem dritten Platz der US-Bundesstaaten. Mit dem 4418 m hohen Mount Whitney befindet sich der höchste Berg der USA außerhalb Alaskas in Kalifornien. Badwater im Death Valley (-86 m) ist der niedrigste Punkt in den USA.

Knapp 37 Mio. Menschen leben in Kalifornien, davon über zwei Drittel in den Ballungsräumen um die San Francisco Bay, bei Los Angeles und San Diego. Knapp die Hälfte sind Weiße (ohne Hispanics), dazu gut ein Drittel Hispano-Amerikaner. Es gibt 11% Zuwanderer aus Asien, knapp 7% Afro-Amerikaner sowie 1% Nachkommen indianischer Ureinwohner.

Verwaltung: An der Spitze des Bundesstaates steht der direkt und für vier Jahre gewählte Gouverneur. Die Abgeordneten der zwei Kammern des Parlaments, Senat und Repräsentantenhaus, werden für vier bzw. zwei Jahre gewählt. Kalifornien besteht aus 58 Bezirken (Counties). Hauptstadt ist Sacramento.

Golden Gate Bridge: „Man glaubt es nicht, dass ein Ort wie San Francisco existieren kann ..." (Dylan Thomas)

China, Korea und Vietnam, wird in Kalifornien authentisch angeboten.

FEIERTAGE

Neujahr (1. Januar), Martin Luther King Jr. Birthday (3. Mo. im Jan.), President's Day (Geburtstag von George Washington; 3. Mo. im Febr.), Memorial Day (Gedenktag für die Kriegstoten; letzter Mo. im Mai), Independence Day (Unabhängigkeitstag; 4. Juli), Labor Day (Tag der Arbeit; 1. Mo. im Sept.), Admission Day (Beitritt von Kalifornien zur Union; 9. Sept.), Columbus Day (Landung von Kolumbus in Amerika; 2. Mo. im Okt.), Veterans Day (Tag der Kriegsveteranen; 11. Nov.), Thanksgiving (Erntedankfest; 4. Do. im Nov.), Christmas Day (25. Dez.).

FESTE

Januar Tournament of the Roses, Pasadena. Über eine Million Zuschauer bejubeln die Teilnehmer des bunten Umzugs durch die Stadt am 1. Januar. Außerdem treten die beiden besten College-Footballteams des Landes gegeneinander an (www.tournamentofroses.com)
Februar Das chinesische Neujahrsfest mit Umzügen und spektakulärem Feuerwerk wird Ende Jan./Anf. Febr. besonders prächtig in San Francisco gefeiert (www.chineseparade.com).
April Internationales Film Festival in San Francisco (www.sffs.org).
Mai Cinco de Mayo, der 5. Mai, ist der wichtigste Feiertag der hispanischen Bevölkerung Kaliforniens. Er wird eine ganze Woche lang mit Volksfesten, Feuerwerken und Umzügen begangen und erinnert an den Jahrestag der Schlacht von Puebla, als mexikanische Truppen der Invasionsarmee von Napoleon III. eine Niederlage bereiteten. Am letzten Maiwochenende steigt in San Francisco vor mehreren Hunderttausend Zuschauern ein Karnevalsumzug mit Musik und Tanz (www.carnavalsf.com).
Juni SF Pride, ein farbenprächtiger, ausgelassener Umzug der Schwulen-, Lesben- und Trans-vestitenszene von San Francisco, zieht Ende des Monats eine halbe Million Zuschauer an (www.sfpride.org).
Juli Independence Day, der Tag der Unabhängigkeitserklärung vom 4. Juli, wird in den gesamten USA gefeiert. Das Feuerwerk in Pasadena soll zu den schönsten des ganzen Landes gehören. Höhepunkt des Kunstfestivals von Laguna Beach ist das „Pageant of the Masters", bei dem berühmte Gemälde als lebende Bilder nachgestellt werden (www.foapom.com). Zum Garlic Festival in Gilroy dreht sich alles um die würzige Zwiebel; viele Köche wetteifern um das beste Knoblauchrezept (www.gilroygarlicfestival.com). Beim zweiwöchigen Beach Festival in Huntington Beach können Besucher bei zwei hochkarätigen Surfwettbewerben zusehen, den U.S. Open of Surfing und dem Pro of Surfing; Konzerte, Partys und weiteres Strandvergnügen gibt es zudem (www.hbvisit.com).
August Zur Old Spanish Days Fiesta Anfang des Monats besinnt sich Santa Barbara mit Umzügen, Volkstanz und Feiern überall in der ganzen Stadt auf sein spanisches Erbe (www.oldspanishdays-fiesta.org).
September Seit mehr als 50 Jahren stellen Künstler aus Kalifornien beim Sausalito Art Festival aus; vier Tage lang haben Kunstinteressierte Anfang des Monats Zeit, rund 20000 Werke beim größten Freiluftfestival der bildenden Kunst in den USA zu begutachten oder zu kaufen (www.sausalitoartfestival.org). Das Monterey Jazz Festival versammelt alljährlich die Crème der internationalen und amerikanischen Jazzszene (www.montereyjazzfest.com).
Oktober Fall Sensations nennt sich das Erntefest von Sonoma County Anf. Okt. auf dem Messegelände von Santa Rosa; hier können auch mehr als 500 Weine der Region gekostet und gekauft werden (www.harvestfair.org). Der West Hollywood Halloween Costume Carnaval ist mit 400000 verrückt verkleideten Teilnehmern die wohl größte Halloween-Party der Welt (www.visitwesthollywood.com).
November Die legendäre Doo Dah Parade durch Pasadena kurz nach dem Erntedankfest mit schrillen Kostümen, Albernheiten und abgedrehten Ideen wie einem „Briefumschlagszumach"-Drill-Team nimmt die Rose Parade Ende des Jahres auf den Arm (www.pasadenadoodahparade.com).
Dezember Zur San Diego Bay Parade of Lights schmücken Bootsbesitzer ihre Schiffe für eine abendliche Parade mit Feuerwerk (www.sdparadeoflights.org).

GELD

Der **US-Dollar ($)** teilt sich in 100 Cent. Es gibt Münzen in folgenden Stückelungen: 1 cent (penny), 5 cent (nickel), 10 cent (dime), und 25 cent (quarter), selten sind 50 cent und 1 Dollar-Stücke. Geldscheine lauten auf 1, 5, 10, 20, 50 und 100 $. Die Banknoten lassen sich leicht verwechseln, da sie die gleiche Größe und Farbe besitzen.

Kreditkarten, vor allem Visa und Mastercard, sind weit verbreitet. Mit Karte und PIN-Nummer ist an vielen Geldautomaten (ATM) Bargeld abzuheben; dies geht in zunehmendem Maße auch mit EC-Karten (mit Maestro-Funktion). Mit auf US-Dollar ausgestellten **Travellerschecks** kann man in vielen Geschäften wie mit Bargeld bezahlen.

REISEZEIT

Das Klima in Kalifornien ist regional recht unterschiedlich. Der Tioga Pass über die Sierra Nevada im Yosemite National Park oder die Straße durch den Lassen Volcanic National Park im Norden des Bundesstaates sind oftmals noch bis in den Mai hinein durch Schneeverwehungen unpassierbar. Zur gleichen Zeit sonnen sich schon längst Urlauber an den Stränden von San Diego. Während an der Pazifikküste bei Eureka dunkle Wolken abregnen, brennt die Sonne mit 40 Grad Celsius auf die Felsen bei Zabriskie Point im Death Valley.

Die beste Reisezeit reicht vom Frühjahr bis in den Herbst. Wer große Hitze schlecht vertragen kann, sollte allerdings die Wüsten des Südostens im Sommer meiden. Im Stadtgebiet von Los Angeles nimmt in dieser Zeit der Smog deutlich zu. Im Hochsommer kommt es in San Francisco durch die kalte Meeresströmung vor der Küste häufiger zu starkem und kühlem Nebel, den die Sonne erst langsam auflöst.

In den Wintersportgebieten oberhalb des Lake Tahoe und bei Mammoth Lakes in der Sierra Nevada kann man zwischen Dez. und April gut Ski laufen.

SPORT

Angeln ist in den USA Volkssport. Einen Angelschein (fishing license) verkauft meist ein Shop in der Nähe von Angelseen und Flüssen. Veranstalter in vielen Marinas entlang der Küste bieten auch Trips zum Hochseefischen an.

Fahrradfahren und Fahrräder mieten kann man selbst in Los Angeles, vor allem entlang der Pazifikstrände. Aber auch Fahrradtouren durch die Weinanbaugebiete von Napa und Sonoma Valley sind bei Kaliforniern beliebt.

Golf und **Tennis** sind auf vielen hundert öffentlichen Plätzen möglich. Verschiedene Resorthotels verfügen über eigene Plätze oder ermöglichen Gästen mit Platzreife das Spiel auf einem Platz in der Nähe. Wer zu Hause in einem Club spielt, hat meist dazu die Möglichkeit, auch viele private Anlagen gegen Gebühr zu nutzen.

In zahlreichen Orten in der Nähe von geeigneten Flüssen vor allem in Nordkalifornien und an den Westhängen der Sierra Nevada lassen sich **Kajaks** mieten oder werden Floßfahrten auf kompakten **Schlauchbooten** angeboten.

Geübte Alpinisten finden in den Küstengebirgen, in der Sierra Nevada, aber auch in der Wüste, wie im Joshua Tree National Park oder der Mojave Desert National Preserve, **Klettersteige** und Felswände zum **Klettern**.

Wandern gehört zu den beliebten Aktivitäten in den National- und State Parks, im Gebirge und in den Wüsten. Markierte Trails ziehen sich über viele hundert Kilometer. In den Besucherbüros der Parks sind einschlägige Informationen und Karten vorhanden.

Wassersport, also Segeln, Windsurfen, Surfen, Tauchen, Schnorcheln und Schwimmen, kann man fast entlang der gesamten Pazifikküste treiben. Der rauere Norden ist wegen der eiskalten Wassertemperaturen und häufigeren Winde etwas für Geübte und Einheimische; südlich Santa Barbara wird es angenehmer, sind Wasser und Sonne wärmer.

Auf den Hängen über der Westhälfte des Lake Tahoe findet man beste Bedingungen für den **Wintersport** auf gut ausgebauten Pisten und Schneesicherheit bis in den April. Das Gleiche gilt auch für das Skigebiet um Mammoth Lakes. Langlauf ist sogar am Rand der Wüste möglich, im Mount Jacinto State Park oberhalb von Palm Springs.

Zuschauen Die populären Mannschaftssportarten der USA sind in Kalifornien mit Profiteams in den obersten Ligen vertreten. Wer ein Spiel sehen will, sollte sich beizeiten um Karten kümmern, da die Matches häufig ausverkauft sind. Beim Baseball spielen die „Dodgers" (Los Angeles) und die „Giants" (San Francisco) in der National League, die „Angels"

Wetterdaten

San Francisco

	Tages-Temp. Max.	Nacht-Temp. Min.	Tage mit Niederschlag	Sonnenstunden pro Tag
Januar	13°	8°	11	5
Februar	15°	9°	10	7
März	16°	9°	10	8
April	17°	10°	6	9
Mai	17°	11°	3	10
Juni	18°	12°	1	11
Juli	18°	12°	1	9
August	18°	12°	1	8
September	21°	13°	1	9
Oktober	20°	12°	4	8
November	18°	11°	8	6
Dezember	15°	9°	11	5

Das Steinbeck Center zeigt Regionalgeschichte

Wetterdaten

Los Angeles

	Tages-Temp. Max.	Nacht-Temp. Min.	Tage mit Niederschlag	Sonnenstunden pro Tag
Januar	18°	8°	6	7
Februar	19°	9°	5	8
März	20°	10°	6	9
April	21°	12°	4	8
Mai	23°	13°	1	9
Juni	25°	15°	1	9
Juli	29°	17°	1	11
August	29°	18°	1	11
September	28°	16°	1	9
Oktober	25°	14°	2	7
November	23°	12°	4	8
Dezember	20°	9°	5	8

(Anaheim), die „Athletics" (Oakland) und die „Padres" (San Diego) in der American League. Beim Basketball kämpfen die „Lakers" (Los Angeles), „Clippers" (Los Angeles), die „Kings" (Sacramento) und die „Golden State Warriors" (Oakland) um Punkte. Drei Eishockeyteams der National Hockey League gibt es in Kalifornien – die „Ducks" (Anaheim), die „Kings" (Los Angeles) und die „Sharks" (San Jose). Bei American Football spielen die „'49ers" (San Francisco), die „Raiders" (Oakland) und die „Chargers" (San Diego) aus Kalifornien in der obersten Klasse; Footballfans aus Los Angeles grämen sich seit Jahren, dass die Stadt nicht über ein eigenes Spitzenteam verfügt.

SPRACHE

Landessprache ist Englisch. Doch in vielen Stadtvierteln von Los Angeles und im Service von Dienstleitungsbetrieben wird von Einwanderern aus Mexiko überwiegend Spanisch gesprochen. In Chinatown von San Francisco erscheinen gleich mehrere Tageszeitungen in chinesischer Sprache.

TELEFON UND INTERNET

Die **Ländervorwahl** aus dem USA nach Deutschland lautet 01149, nach Österreich 01143, in die Schweiz 01141. Die Vorwahl aus Deutschland oder der Schweiz in die USA ist 001, aus Österreich: 9001.
Wer in den USA ein **Ferngespräch** führen will, wählt zunächst die „1", dann die entsprechende Ortsvorwahl (area code), z.B. „415" für San Francisco, und dann die eigentliche sechs- oder siebenstellige Rufnummer.
Allgemeine **Vorwahlnummern** für Unternehmen und Institutionen wie 800, 888 und 877 sind gebührenfrei (toll-free), andere wie 700 und 900 können kostspielig werden.
Die in Europa gängigen Dualband-**Mobiltelefone** funktionieren in den USA nicht. Wer ein Triband- oder ein Quadbandtelefon besitzt, wird bis auf ganz einsame Regionen überall telefonieren können. Internet-Cafés, WLAN-Hot-Spots auf Flughäfen und in Hotellobbys oder Copyshops wie „Kinko's" bieten meist gegen Gebühr und oft 24 Stunden rund um die Uhr Internet-Zugang an.

ZEIT

Kalifornien liegt in der Pacific Time Zone, mit 9 Std. Zeitdifferenz zur Mitteleuropäischen Zeit (MEZ). Wenn es in Berlin 18.00 Uhr ist, fängt in San Francisco gleichzeitig um 9.00 Uhr der Tag an. Zur Sommerzeit (daylight saving time; erster April-So. bis letzter Okt.-So.) werden die Uhren eine Stunde vorgestellt. Die Stunden von 24.00 bis 11.59 Uhr werden mit dem Kürzel a.m. (ante meridiem) versehen, von 12.00 Uhr bis 24.00 mit dem Kürzel p.m. (post meridiem); also heißt es beispielsweise 4 p.m. und nicht 16.00 Uhr.

ZOLL

Zollfreie Waren im Wert von 100 $ dürfen in die USA eingeführt werden. Zusätzlich 300 Zigaretten sowie 1 Liter Spirituosen oder 2 Liter Wein – allerdings nur für über 21-Jährige. Wer mehr als 10 000 $ bar einführen will, muss dies ausweisen. Es ist nicht erlaubt, landwirtschaftliche Produkte und Lebensmittel einzuführen.

Windskaterregatta in der Mojavewüste

Register

Impressum

1. Auflage 2011

Verlag: DuMont Reiseverlag, Postfach 3151, 73751 Ostfildern, Tel. 0711/4502-0, Fax 0711/4502-135, www.dumontreise.de
Geschäftsführer: Dr. Thomas Brinkmann, Dr. Stephanie Mair-Huydts
Programmleitung: Birgit Borowski
Redaktion: Robert Fischer (www.vrb-muenchen.de)
Text: Axel Pinck
Exklusiv-Fotografie: Christian Heeb
Titelbild: age fotostock/LOOK-foto
Zusätzliches Bildmaterial: S. 7 (Joshua Tree National Park) age fotostock/LOOK-foto, 10/11 Elan Fleisher/LOOK-foto, 12/13 Hauke Dressler/LOOK-foto, 14/15 age fotostock/LOOK-foto, 16/17 Hendrik Holler/LOOK-foto, 18/19 NordicPhotos/LOOK-foto, 21 u. travelstock44/LOOK-foto, 24 u. Hauke Dressler/LOOK-foto, 25 r.u. dpa-DB Barbara Munker, 28 u. age fotostock/LOOK-foto, 30 StockFood, 31 o. StockFood, 35 o. mauritius images/ Alamy, 35 u. mauritius images/Alamy, 36/37 Laif/Christian Heeb, 44 GettyImages/Stuart O'Sullivan, 45 Hendrik Holler/LOOK-foto, 46 o.l. GettyImages/Roberto Gerometta, 46 o.r. StockFood, 47 mauritius images/Alamy, 51 r.o. mauritius images/Alamy, 51 r.M. mauritius images/Alamy, 51 r.u. mauritius images/CuboImages, 52/53 age fotostock/LOOK-foto, 54 o. mauritius images/age, 54 u. GettyImages/Dennis Flaherty, 57 o. Holger Leue/LOOK-foto, 57 r.u. Bildagentur Huber/ Dutton Colin, 60 age fotostock/LOOK-foto, 61 o. age fotostock/LOOK-foto, 61 u. age fotostock/LOOK-foto, 65 (3) mauritius images/Alamy, 66 GettyImages/Richard Price, 68 o. GettyImages/Hutch Axilrod, 68 u. Piepenburg/laif, 69 r.u. mauritius images/imagebroker/Katja Kreder, 70 mauritius images/Photononstop, 76 Axel Pinck, 77 Corbis/Matt Brown, 78 Axel Pinck, 79 Corbis/ New Sport/BSF, 83 r.o. GettyImages/Lisa Seaman, 83 r.u. GettyImages/Ian Shive, 84/85 GettyImages/Tom Paiva, 92 r.o. DuMont-Bildarchiv Conrad Piepenburg, 94 r.u. mauritius images/age fotostock, 94 l.u. age fotostock/LOOK-foto, 95 o.r. GRANDADAM Sylvain/laif, 95 o.l. mauritius images/Ben Simmons, 99 r.o. age fotostock/LOOK-foto, 99 r.M. mauritius images/Alamy, 111 o. Michael Boyny/ LOOK-foto, 111 r.o./r.u. mauritius images/Alamy, 114 Karl Johaentges/LOOK-foto, 117 age fotostock/LOOK-foto
Grafische Konzeption, Art Direktion: fpm factor product münchen
Layout: CYCLUS · Visuelle Kommunikation, Stuttgart
Kartografie: © MAIRDUMONT GmbH & Co. KG, Ostfildern
DuMont Bildarchiv: Marco-Polo-Straße 1, 73760 Ostfildern, Tel. 0711/4502-266, Fax 0711/4502-1006, a.nebel@mairdumont.com

Anzeigenvermarktung: MAIRDUMONT MEDIA, Tel. 0711/4502333, Fax 0711/45021012, media@mairdumont.com, http://media.mairdumont.com
Vertrieb Zeitschriftenhandel: PARTNER Medienservices GmbH, Postfach 810420, 70521 Stuttgart, Tel. 0711/7252-212, Fax 0711/7252-320
Vertrieb Abonnement: Leserservice DuMont Bildatlas, Zenit Pressevertrieb GmbH, Postfach 810640, 70523 Stuttgart, Tel. 0180/5727252-265, Fax 0180/5727252-333, dumontreise@zenit-presse.de
Vertrieb Buchhandel und Einzelhefte: MAIRDUMONT GmbH & Co KG, Marco-Polo-Straße 1, 73760 Ostfildern, Tel. 0711/4502-0, Fax 0711/4502-340
Druck und buchbinderische Verarbeitung: NEEF + STUMME premium printing GmbH & Co. KG, Wittingen, Printed in Germany

Sightseeing ist nicht alles in New York. In der Stadt, die niemals schläft, ist Durchhaltevermögen gefragt.

NEW YORK

Big Apple
Freiheitsstatue, Empire State Building, Central Park, Guggenheim Museum ... – die Stadt, die man aus dem Kino kennt.

Broadway
Ganz New York ist eine Bühne.

Stadt im Wandel
Die kühne Architektur des neuen World Trade Center.

Weinhänge, hübsche Dörfer und mächtige Burgen bestimmen das Landschaftsbild an der Mosel.

MOSEL

Am Fluss entlang
Die schönsten Touren zu Fuß, per Rad oder Schiff.

Städte mit Charme
Unterwegs in Koblenz und Trier.

Spitzenweine
Moselweine überzeugen durch Qualität und außergewöhnliche Frische.

Lieferbare Ausgaben

DEUTSCHLAND
092 Altmühltal
105 Bayerischer Wald
106 Bodensee, Oberschwaben
056 Chiemgau, Berchtesgadener Land
095 Eifel, Aachen
096 Elbe und Weser, Bremen
059 Fränkische Schweiz
060 Hamburg
061 Harz
062 Hunsrück, Naheland, Rheinhessen
066 Mainfranken
097 Mecklenburg-Vorpommern
067 Mosel
114 München
098 Münsterland
006 Oberbayern Zwischen Lech und Inn
074 Odenwald, Bergstraße
002 Ostfriesland, Oldenburger Land
075 Ostseeküste Schleswig-Holstein
078 Rhein zwischen Köln und Mainz
079 Rhön
116 Rügen, Usedom, Hiddensee
080 Sachsen
081 Sachsen-Anhalt
117 Sauerland, Siegerland
083 Schwarzwald Norden
084 Schwarzwald Süden
008 Stuttgart, Schwäbische Alb
102 Thüringen
103 Weserbergland

BENELUX
052 Amsterdam
070 Niederlande

FRANKREICH
055 Bretagne
058 Elsass
009 Frankreich Süden Languedoc-Roussillon
071 Normandie
001 Paris
115 Provence

GROSSBRITANNIEN/IRLAND
063 Irland
087 Südengland

ITALIEN/MALTA/KROATIEN
110 Golf von Neapel, Kampanien
005 Kroatische Adriaküste
113 Malta
073 Oberitalienische Seen
076 Piemont, Aostatal
082 Sardinien
003 Sizilien
089 Toskana
091 Venedig, Venetien

MITTEL- UND OSTEUROPA
104 Baltikum
094 Danzig, Ostsee, Masuren
101 Polen Süden, Breslau, Krakau
077 Prag
085 St. Petersburg

ÖSTERREICH/SCHWEIZ
004 Salzburger Land, Salzkammergut, Salzburg
088 Tessin

SPANIEN/PORTUGAL
093 Andalusien
051 Algarve, Lissabon
054 Barcelona
108 Costa Brava
065 Kanarische Inseln
007 Spanien Norden, Jakobsweg
118 Teneriffa, La Palma, La Gomera , El Hierro

SKANDINAVIEN
057 Dänemark
099 Norwegen Norden
072 Norwegen Süden
100 Schweden Süden, Stockholm

TÜRKEI
090 Türkisches Mittelmeer

AUSSEREUROPÄISCHE ZIELE
010 Ägypten
053 Australien Osten, Sydney
111 Kalifornien
064 Kanada Westen
068 Neuseeland
069 New York
086 Südafrika